AF714515

Kinder! Kinder!

Ihre Lebensfreude kennt keine Grenzen

Annegret Wienberg

Kinder! Kinder!

Familiengeschichte(n)

Edition Falkenberg

Inhalt

Der Familie gewidmet.

Weißt du noch?

Deine kleine Hand
in meiner Hand,
unter den Füßen
das raschelnde Laub,
die Taschen voller
Kastanien,
Bucheckern,

die Kapuze hochgeschlagen
gegen den Wind,
wateten wir durch
ein Meer von Eicheln
und versuchten
soviel
Herbst wie möglich
mit nach Hause
zu nehmen.

»Ich kann nicht schlafen, Charlotte strampelt so.«

Charlotte strampelt so

Es ist schön, ein Kind zu sein. Sagen die Erwachsenen. Und meinen: besonders dann, wenn man seine wenigen Lebensjahre noch an einer Hand abzählen kann. Sofern man überhaupt schon zählen kann.

Bei Tageslicht besehen, mögen die Erwachsenen da vielleicht Recht haben.

Aber nur vielleicht! Bei Dunkelheit besehen, ist Gaby da ganz anderer Meinung.

Wenn Mama nach dem Gute-Nacht-Kuss das Licht gelöscht hat und die Klabautermänner und Rumpelstilzchen aus ihren Löchern gekrochen kommen und auf der Bettdecke Polka tanzen, dann ist es gar nicht schön, ein Kind zu sein …

… und allein in seinem Bett zu liegen, während Mama und Papa unten im hellen Wohnzimmer sitzen und reden und lachen. Oder manchmal fernsehen. Dann möchte Gaby lieber groß sein. Und auch im warmen, hellen Wohnzimmer sitzen bei Mama und Papa. Und reden. Und lachen. Oder manchmal fernsehen. Das ganz besonders.

Gaby bekommt dann immer ganz schrecklichen Durst.

Und muss noch mal eben schnell ins Wohnzimmer gucken (und dabei so ganz nebenbei einen Blick auf den Fernseher werfen) und ein Glas Saft trinken. Gaaanz langsam natürlich!

Sonst bekommt man Flöhe im Bauch. Sagt die Mama.

Und was Mamas sagen, muss man tun! Besonders, wenn man nicht auffallen will. Und wenn Gaby dann endlich wieder im Bett liegt (nachdem Papa mehrmals eindringlich auf die Uhr geguckt hat), muss sie natürlich bald Pipi. Ist doch klar, wenn man was getrunken hat!

Und mal schnell einen Blick zu Mama und Papa hineinwerfen. Und zum Fernsehen. Vielleicht wird da ja gerade gesungen ... Das hört Gaby immer besonders gern. Und wenn sie dann wieder soweit ist, dass sie endlich im Bett liegt, dann kann sie natürlich noch lange nicht einschlafen. Denn Charlotte strampelt so tüchtig!

Charlotte ist von Beruf Puppe. Und Mädchen für alles. Mal trägt sie einen großen Verband (weil Gaby gerade Schnupfen hat), mal wird sie ganz fürchterlich ausgeschimpft (weil Gaby gerade eine Tasse entzwei geworfen hat), mal ist sie Trost in allen Lebenslagen. Hellen wie dunklen.

Und über Charlotte muss Gaby sich natürlich bei der Mama beschweren.

Und einen ganz vorsichtigen Blick auf den Fernseher werfen. Vielleicht tanzt da ja gerade jemand ... Das sieht Gaby auch sehr gerne. Und als dieses Spiel anfängt, Gaby so richtig

Spaß zu machen (man kann es natürlich noch ganz erheblich ausbauen ...!), da haben Mama und Papa doch tatsächlich geschaltet.

Und jedes Mal, wenn Gaby jetzt das Wohnzimmer betritt – weil gerade der Fuß so weh tut oder der Wind so furchtbar an den Fensterläden ruckelt – läuft auf dem Bildschirm so eine dumme politische Sendung. Mit lauter grauen Herren, die lauter graues Zeug daherreden. Das Gaby überhaupt nicht verstehen kann.

Da geht sie doch lieber wieder zurück in ihr Bett. Zu den Klabautermännern und Rumpelstilzchen. Da ist wenigstens noch was los!

* * *

»Gras muss man zeitig mähen. Sonst wächst es in den Himmel
und kitzelt den Gott an den Füßen.«

Gaby geht einkaufen

Gaby geht mit Mama einkaufen. Eigentlich ist Gaby immer gerne mit Mama einkaufen gegangen. Doch das hat sich nun geändert.

Es hat sich überhaupt vieles für Gaby geändert. Denn jetzt ist das neue Baby da. Und alle Leute bleiben stehen und finden das neue Baby sooo süß.

Gaby findet es blöd.

Nun geht Gaby also mit Mama und dem neuen Baby spazieren. Und damit die Mama ja nicht vergisst, dass Gaby auch noch da ist, will sie unbedingt ihr Dreirad mitnehmen. Dazu hat sie gerade große Lust.

Und die Lust hält immer bis zur übernächsten Straßenecke. Ganz schön lange. Findet Gaby. Die Mama ist da anderer Meinung.

Aber die Mama kennt das schon.

Dann kommt das Haus mit der grünen Haustür. Das ist ein sehr wichtiges Haus, denn bei seinem Anblick kriegt Gaby immer einen wahnsinnigen Hunger. So wahnsinnig, dass sie ganz laut jammern muss.

Bis das Haus mit dem schiefen Dach in Sicht kommt. Dann ist der Hunger wie weggeblasen. Denn jetzt muss Gaby ganz nötig. Sofort! Es ist nicht mehr zum Aushalten!

Sie muss immer bei diesem Haus.

Die Mama kennt das schon.

Beim Schlachter muss Gaby nicht mehr. Da steht sie ganz ruhig in der Schlange und wartet, bis die Mama drankommt. Und bis sie ihre Wurst bekommt. Das Baby muss natürlich draußen bleiben. Und bekommt keine Wurst. Das findet Gaby auch richtig so.

Der Rückweg lässt sich ruhig an. Jedenfalls, solange die Wurst noch nicht alle ist. Dann tun Gaby die Füße weh. Keinen Schritt kann sie mehr gehen! Um das zu bekräftigen, fängt sie laut zu weinen an.

Die Mama kennt auch das. Sie geht einfach weiter. Mit dem Baby! Und lässt Gaby einfach stehen!

Das kann Gaby sich nicht gefallen lassen. Nun heult sie noch lauter. Und läuft hinter Mama her. Und vergisst ganz, dass sie ja gar nicht mehr laufen kann …

… und dass sie an dieser Straßenecke immer einen ganz, ganz furchtbaren Durst bekommt. Aber man kann ja nicht an alles denken.

Sie schreit nun ganz laut. Alle Leute sollen es hören. Und alle Leute sollen sehen, wie schlecht Gaby behandelt wird. Und die Leute hören es auch.

Und öffnen die Fenster.

Und sehen nichts weiter als eine Mutter mit einem Kinderwagen und einem schreienden kleinen Mädchen. Und schließen die Fenster wieder.

Der Rest des Weges ist endlos. Und will überhaupt kein Ende nehmen. Bis Gaby das Dreirad wiederfindet. Sofort erhellt sich ihr Gesicht und sie umschließt das Rad mit ihren Armen, als hätte sie einen alten verloren geglaubten Freund wiedergefunden.

Nun ist sie bald zuhause! In rasendem Tempo braust sie voraus. Und juchzt.

Und lacht. Jeder kann hören: Gaby ist wieder da!

Und als endlich die Mama mit dem Kinderwagen kommt, steht sie mit strahlendem Gesicht vor der Haustür, hält der Mama mit ihren kleinen, verschwitzten Händchen etwas Weiß-gelbes entgegen und sagt: Soll ich dir jetzt ein liebes Gänseblümchen schenken?

Das kennt die Mama noch nicht.

* * *

Ihre Eltern denken, sie schläft!

Gela schläft. Oder?

Es war schön, als die Mama an Gelas Bett gesessen und ihr ein Schlaflied gesungen hat. Und der Papa noch einmal hereingeguckt und ihr ein Gute-Nacht-Küsschen aufgedrückt hat. Doch nun hat die Mama das Licht gelöscht und Gela allein im Dunkeln zurückgelassen.

Doch wozu ist sie mit kindlicher Fantasie gesegnet?

Gela kann sich auch alleine beschäftigen!

Für die kleinen Fingerchen ist es ein Leichtes, den Schlafanzug aufzuknöpfen – selbst wenn die Mama wohlweislich dafür gesorgt hat, dass die Knöpfe auf dem Rücken sitzen – die Windel rauszurupfen und Mama und Papa mit nacktem Popo zu begrüßen …

… wenn sie auf Zehenspitzen ins Zimmer geschlichen kommen. Und sie kommen. Das weiß Gela.

Es ist schön zu wissen, dass die Eltern alles daransetzen, um Gela wieder warm und trocken einzupacken.

Wenn sie das dreimal am Abend gespielt haben, sind Mama und Papa müde.

Gela nicht.

Kaum fällt die Tür ins Schloss, beginnt sie schon wieder mit ihrer aufreibenden Tätigkeit. – Bis Mama und Papa schlau geworden sind. Und ihr nur noch Schlafanzüge mit Reißverschluss kaufen.

Doch lange hält der Frieden nicht an. Gela wird älter. Und klüger. Und sprüht vor Einfällen. – Sie lernt das Klettern.

Zuerst einmal über die Gitterstäbe ihres Bettchens. Ein herrliches Turngerät! Und sie besteht darauf, in Zukunft nur noch v o r ihrem Bett einzuschlafen. Papas fürsorgliches Wieder-ins-Bett-legen quittiert sie mit wiederholtem Herausklettern.

Es ist schön zu wissen, dass man Papa und Mama damit wachhalten kann.

Doch bald zieht auch das nicht mehr. Auch Eltern entwickeln sich weiter. Und werden klüger.

Vielleicht nicht in so rasantem Tempo wie Gelas. Aber immerhin …

Eine Weile versucht Gela es mit einem neuen Trick. Kaum hat die Mama sie zu Bett gebracht, steht sie mit dem Kopfkissen unter dem Arm, die Bettdecke am Zipfel hinter sich herziehend – Puh! Ist das vielleicht anstrengend! – vor der Wohnzimmertür. Und will in Zukunft nur noch dort einschlafen. Vor der Tür! Auf dem Fußboden!

Bequem ist das ja gerade nicht. Gela würde auch viel lieber in ihrem Bett schlafen. Aber kann man so einfach aufgeben? Mama und Papa würden ja denken, sie hätte kein Durchsetzungsvermögen.

Doch dann hat sie eine tolle Idee. Noch toller als alle anderen!

Und sie kann abends in ihrem Bett bleiben. Ohne ihr Gesicht zu verlieren!

Von jetzt ab ist es abends still in Gelas Zimmer.

Mama und Papa atmen auf.

Bei Dunkelheit besehen … ist das eine ganz angenehme Entwicklung.

Bei Tageslicht schaut das allerdings etwas anders aus.

Ziemlich bunt … meint Mama. Aber doch recht talentiert … sagt Papa.

Und bunt ist alles, was Gela von ihrem Bettchen aus mit Hilfe der Malstifte erreichen kann. Die Tapete natürlich. Und das Bettlaken. Und Gelas Schlafanzug. Und die Nase. Und die Finger. Und … und … und …

Als Unterhaltungskünstlerin ist Gela nun einmal unschlagbar.

* * *

»Du blutest überall – du hast überall Stiche –
dein Herz ist gebrochen – du hast Feuer im Herzen –
du bist wohl tot.«

Der rote Staubsauger

Als Gela vier Jahre alt ist, kommt eines Tages ein schwarzer Brief ins Haus. Schwarze Briefe, stellt Gela fest, sind höchst selten und erregen großes Aufsehen.

Onkel Otto ist gestorben. Gela kennt Onkel Otto nicht. Aber Sterben, bemerkt sie, muss etwas sehr Aufregendes sein. Zumindest für die, die am Leben bleiben. Und »erben«. Gela merkt sich dieses Wort. Es klingt irgendwie interessant. Und reimt sich sogar.

Und wer Gela kennt, kann sich ungefähr denken, was nun passiert. Sie geht der Sache auf den Grund.

Eines Morgens – die Mama ist gerade im Wohnzimmer beim Saubermachen – nimmt sie den ersten Anlauf.

»Du ... Mama ... wenn du stirbst, kann ich dann den Staubsauger erben?«

Die Mama ist entsetzt. Oder amüsiert? Jedenfalls versucht sie Gela klarzumachen, dass sie eigentlich noch ganz gerne ein bisschen leben möchte.

Doch die Tochter belehrt sie mit kindlichem Ernst eines Besseren: »Du bist doch schon soooo alt!«

Die Mama scheint da anderer Meinung zu sein. Gela würde das gerne mit ihr ausdiskutieren. Das tut sie immer besonders gern. Doch zum Diskutieren ist die Mama heute nicht aufgelegt.

Sie putzt.

Einen Moment bleibt Gela noch unschlüssig stehen. Irgendwie ist die Sache nicht richtig gelaufen.

Aber die Mama hat sich schon längst wieder den Problemen des Lebens zugewandt. Und die haben momentan die Form eines Rotweinflecks angenommen.

Nicht so Gela. Sie setzt sich auf die Treppe, den Kopf in die Hände gestützt, und philosophiert über eine der wichtigsten Fragen der Menschheit überhaupt. Lange. Ganz lange. Mindestens zwei Minuten! Dann öffnet sie wieder die Wohnzimmertür, wirft einen abschätzenden Blick auf die Mama und fragt: »Bist du schon tot?«

»Nein,« sagt die Mama putzmunter. »Da musst du wohl noch ein wenig Geduld haben.«

Leise zieht Gela sich wieder zurück. Die Sache scheint doch schwieriger zu sein, als sie dachte. Jetzt ist auch noch von Geduld die Rede. Allerdings nur von ein »wenig« Geduld.

Es ist nicht leicht, Geduld zu haben. Schon gar nicht, wenn man erst vier Jahre alt ist. Und erst recht nicht, wenn man Angela heißt.

Sie zieht sich wieder auf die Treppe zurück, legt die Stirn in Falten – das tun die Erwachsenen auch immer, wenn sie zeigen wollen, dass sie denken – und meditiert über eine der wichtigsten Fragen der Menschheit.

Diesmal aber über eine ganz andere. Und fasst nach fünf Minuten den Entschluss, nun ein »wenig« Geduld gezeigt zu haben. Mit entschlossenem Gesicht betritt sie das Wohnzimmer, zupft die Mama am Rock und sagt vorwurfsvoll (und die Mama soll den Vorwurf in der Stimme ruhig heraushören!):

»Wann stirbst du denn nun endlich? Lange kann ich aber nicht mehr warten?!«

Bald wird Gela größer sein. Und geduldiger. Und rücksichtsvoller.

Und froh darüber, dass die Mama den Staubsauger überlebt hat.

* * *

Kindheit ist …

Kindheit ist Schrammen und dicke Beulen
und Kuchenbacken im Sand,
… ist über jede Kleinigkeit heulen
und Muschelnsuchen am Strand.

… ist Tauspringen und Kullermarmeln
und heimlich ein bisschen mogeln,
… ist Kuscheln und Trost in Mamas Armen
und zum ersten Mal gelogen.

Kindheit, das ist ein verkorkster Magen
mit Himbeereis, Bonbons und Saft,
… ist tausend und noch eine Frage
und die Angst vor dunkler Nacht.

… ist Versteckenspielen und Höhlenbauen
und Warten auf den ersten Schnee,
… ist Figuren in die Wolken schauen
und im Sommer baden im See.

Kindheit ist Spaß an riesigen Pfützen
und die Sehnsucht, groß zu werden,
… ist Hass auf dicke warme Mützen
und schreckliche Angst vor dem Sterben.

… ist fünf Negerküsse auf einmal essen
und Tränen um ein totes Tier,
… ist Kastaniensammeln und Blätterpressen
und der Wunsch, alles gehört mir.

Kindheit ist Spucken, hoch vom Balkon
und Haarwaschen mit Geschrei,
… ist Kummer um einen geplatzten Ballon.
Kindheit ist so schnell vorbei.

Regen

Regen, Regen, plitsche,
mach' ne große Pfütze,
lass uns darin barfuß laufen,
uns're Schiffchen untertauchen,
alle andern Kinder spritzen
und bei Eis dann darauf glitschen.
Regen, Regen, plitsche,
mach 'ne große Pfütze.

Regen, Regen, tropf,
mir auf meinen Kopf.
Tropf auf Opas Glatze munter,
lauf ihm an der Nase runter,
tropf ihm in den Kragen rein,
lauf ihm dann durchs Hosenbein.
Regen, Regen, tropf
Opa auf den Kopf.

Regen, Regen, platsch,
trommle auf das Dach.
Tropfst du dann am Fenster runter,
werden wir ganz plötzlich munter.
Hol'n den Regenmantel her,
Schirm und Stiefel, bitte sehr.
Regen, Regen, platsch,
trommle auf das Dach.

Regen, Regen, platsch,
mach die Erde nass.
Gib den Blumen was zu trinken,
lass uns in dem Matsch versinken,
mittendrin dann Burgen bauen
und zum Regenbogen schauen.
Regen, Regen, platsch,
mach die Erde nass.

Sie hat die Pfütze saubergemacht.

Pfützen kann man sauber machen

Es regnet schon den ganzen Morgen. Gaby hat wirklich a l l e s versucht, um sich zu beschäftigen. Und der Mama nicht z u sehr auf die Nerven zu gehen. Wirklich!

Zuerst einmal hat sie getanzt. Auf dem Frühstückstisch allerdings … zwischen Kaffeekanne, Butterdose und Erdbeermarmelade … Aber bei der Mama kam das nicht so richtig an. Dann hat sie Verstecken gespielt. Im Wohnzimmer. Zwei Kilo Kartoffeln hat sie versteckt. Einzeln, versteht sich. Und die Mama musste suchen. Aber die Mama fand das gar nicht witzig.

Dann hat es endlich aufgehört zu regnen. Gaby ist nach draußen gegangen zum Spielen. »Pfütze saubermachen« ist ein sehr beliebtes Spiel. Die Pfütze wird dabei wirklich sauber.

Mit einem knappen Meter Körpergröße ist die Beziehung zu Matsch und Dreck noch in keiner Weise gestört.

Dann steht Gaby wieder vor der Tür. Wie sie aussieht, ist schwer zu beschreiben. Eigentlich gar nicht wie Gaby. Eher wie eine Mischung aus Pippi Langstrumpf und Tom Sawyer, gerade dem Moorbad entstiegen. Nur die schwarzen

Innenflächen der Hände unterscheiden sie von einem echten Schwarzen. Und die strahlenden Augen. Das hat Spaß gemacht, signalisieren sie.

Mit spitzen Fingern hat die Mama sie nach oben getragen und in der Dusche abgestellt. Und Stück für Stück aus dem Dreck gepellt, bis die weiße Haut und die blonden Haare wieder zum Vorschein kommen.

Als der Papa nach Hause kommt, muss die Mama erst einmal Dampf ablassen. Der Papa kann darüber nur geringschätzig lächeln.

Das ist ja noch gar nichts! Was glaubt die Mama denn, was heute wieder in der Firma los war! Also, der Meier … der … und überhaupt … wo ist sie denn eigentlich?

Sie spielt doch ganz brav draußen. Na also …

…also, der Meier heute, weißt du …

Der Papa zündet sich genüsslich eine Zigarette an und legt die Beine hoch.

Feierabend!

Dann klingelt es. Ein knapper Meter Mensch steht vor der Tür. Sie hat Papas Auto gewaschen. Stolzgeschwellt verkündet sie die frohe Botschaft. Schwarze Schweißtropfen laufen ihr von der Stirn. Die schmutzigen Hände wischt sie sich an der noch schmutzigeren Hose ab. Rauf und runter. Runter und rauf.

Sie hat Papas Auto gewaschen …!

So schnell ist der Papa noch nie aus seinem Sessel herausgekommen. Und auf die Straße geflitzt. So also kann sein Auto aussehen! Der Kühlergrill ist einzementiert. Die Windschutzscheibe von einer fingerdicken grauen Matschschicht verkleistert. Rundherum ist das Auto grau. Ein fades, tristes, schmutziges Grau.

Dabei war es einmal rot! Leuchtend rot!

Und dann kriechen noch zwei kleine »Negerlein« aus dem Gebüsch – einer konnte das allein auch gar nicht schaffen! – und lechzen nach Anerkennung. Der Stolz über die vollbrachte Tat steht ihnen im Gesicht geschrieben. Das wäre geschafft! Mann, war das eine Arbeit!

Man müsste das Auto mit spitzen Fingern anfassen und ... Papa greift erst mal zum Eiskratzer und befreit die Windschutzscheibe vom gröbsten Dreck. Und verbringt den wohlverdienten Feierabend in der Autowaschanlage.

Und die Mama trägt Gaby mit spitzen Fingern nach oben und setzt sie heute nun schon zum zweiten Mal in der Dusche ab.

Gaby kann die Aufregung gar nicht verstehen. Sie hatte doch so schön draußen gespielt ...

* * *

»Das war ich nicht, das waren meine Füße.«

Die Reitstunde wird abgesagt

Kinder können manchmal kleine Engel sein – und auch so heißen, wie Angela. Doch hin und wieder können sie sich auch in richtige kleine Teufel verwandeln.

Gela spielt für ihr Leben gern verstecken. Am liebsten versteckt sie sich selbst. Und wenn die Mama ganz laut sagt: »Ja, wo ist denn bloß Angela?«, dann ruft sie ganz laut: »Hier!«

Und wenn der Papa fragt: »Wo ist denn – hier-?« ...

... dann jubelt sie: »Na, hier! Weißt du das denn nicht?«

Die Eltern wissen das natürlich nicht. Denn sonst würde das Spiel ja gar keinen Spaß machen.

Aber ebenso gern versteckt Gela auch Sachen. Natürlich nicht ihre eigenen. So weit geht der Spaß denn doch nicht.

Da nimmt sie doch lieber die Weihnachtskarten, die die Mama in langen Stunden geschrieben und auf dem Flur deponiert hat. Einen Tag vor Weihnachten findet die Mama sie wieder – als sie das Sitzkissen des Sessels anhebt, weil irgend etwas unter ihrem Po so gemein zwickt ... und dabei hatte die Mama fest geglaubt, der Papa hätte die Karten in den Postkasten geworfen.

Die Eltern wissen natürlich nicht, wie die Karten unter das Kissen geraten sind. Gela auch nicht. Ebenso wenig, wie sie weiß, wo denn die Hausschuhe der Mama geblieben sind.

Das ganze Haus haben sie durchsucht – und Gela hat ihnen tüchtig dabei geholfen, hilfsbereit, wie sie nun einmal ist. Dann hat die Mama Geld in ein paar neue investiert.

Beim großen Hausputz tauchen sie wieder auf. Hinter dem Lautsprecher im Wohnzimmer, ganz in der Ecke. Kann Gela etwas dafür, dass die Mama so selten sauber macht?

Gela versteckt gerne. Sie allein weiß, wo der Schatz vergraben ist. Die Eltern wissen es natürlich nicht.

Es bringt aber auch andere Vorteile. Immer, wenn die ältere Schwester Wutanfälle bekommt – regelmäßig, wenn es Pfannkuchen gibt – stopft die Mama sich Oropax in die Ohren.

Als Gela die Tradition der Wutanfälle weiterführt – kann sie sich der Aufmerksamkeit der Mama sicher sein. Denn die sucht ihr Oropax vergebens. Es ist verschwunden, so gut verschwunden, dass es nie wieder auftaucht.

Doch eines Tages schießt Gela den Vogel ab. Es ist mal wieder dicke Luft zuhause und die Mama hat gedroht, die Reitstunde für den Nachmittag abzusagen.

Nun muss Gela handeln. Und das tut sie auch. Sie lässt einfach das Telefon verschwinden. Das ist leichter gesagt als getan, und es könnte der Mama auffallen. Doch auch da weiß Gela Rat. Sie stellt einfach ihr Spieltelefon an den angestammten Platz.

Und die Mama merkt tatsächlich lange Zeit nichts. Bis es anfängt zu schrillen und sie irritiert auf diesen grellbunten Blümchen-Hörer starrt, den sie in die Hand genommen hat. Und aus dem kein einziger Ton herauskommt. Da bleibt ihr wohl nichts anderes übrig als unter das Sofa zu kriechen, wenn sie das Bedürfnis zu weiteren Telefongesprächen hat. Etwa, um die Reitstunde abzusagen.

Irgendwie ist sich die Mama aber nicht mehr so sicher, ob sie wütend werden oder doch lieber lachen soll. Die Reitstunde ist jedenfalls nicht ausgefallen.

* * *

Der kleine Traum vom großen Glück.

Ein aufgeklärtes Kind

Gela ist aufgeklärt. So aufgeklärt, wie ein vierjähriges Kind nur sein kann. Das liegt daran, dass Gela über eine gute Beobachtungsgabe verfügt. Und über eine große Schwester.

Große Schwestern haben nämlich in der Schule »Sexualkunde«. Aussprechen kann Gela das Wort noch nicht. Aber es scheint so seine Bewandnis damit zu haben. Omas und Opas bekommen immer so einen ganz eigenen Gesichtsausdruck, wenn d a v o n die Rede ist.

Große Schwestern fragen auch viel. Und Mamas antworten gerne – Papas weniger. Und kleine Schwestern haben gute Ohren! Und ein gutes Gedächtnis! Und was für eins!

Aber das Zuhören hat auch seine Schattenseiten. Hat es doch Gelas schönsten Traum zerstört; nämlich den, dass sie in Mamas Bauch gewachsen ist und die große Schwester n u r in Papas Bauch.

Wenn Mike Krüger im Fernsehen den Nippel durch die Lasche zieht, da hat Gela schon so ihre eigenen Vorstellungen.

Und im Zirkus flüstert sie der Mama geheimnisvoll wissend ins Ohr, dass Clowns unter ihrem Kostüm genauso aussehen wie der Papa.

Wie Babys aus dem Bauch der Mutter wieder herauskommen, das hat die große Schwester in der Schule schon gelernt.

Aber leider gibt die 1. Klasse noch keine Antwort auf die Frage, die Gela am brennensten interessiert:

Wie kommen die Babys da hinein …?

Als Gela noch klein und dumm war, da hat sie doch tatsächlich geglaubt, Mamas bekommen den dicken Bauch vom vielen Essen. Und darum hat sie immer ganz viel gegessen. Weil sie später nämlich viele, viele Babys kriegen wollte.

Aber heute ist Gela nicht mehr klein. Und dumm erst recht nicht. Aber bei dieser Frage hat selbst die Mama etwas Sprachschwierigkeiten. Ansonsten bringt man Mamas nicht so leicht aus dem Gleichgewicht.

Aber Papas! Die kann man ganz schön in Verlegenheit bringen! Zum Beispiel, wenn man mit ihnen zusammen schwimmen geht und unter der Dusche lauthals Vergleiche anstellt. Zwischen den Papas natürlich.

Oder hinkend durch den Umkleideraum »Nur für Männer« hüpft und jede heruntergezogene Badehose mit dem Ausruf »Nacktpopo!« quittiert.

Mamas schmunzeln dann meistens nur in sich hinein. So wie damals, als die große Schwester mal in einem Restaurant den Papa ganz laut gefragt hat, ob er immer Pipi ins Waschbecken macht (sie durfte nämlich mal mit dem Papa auf die Herrentoilette, weil es so dringend und die Mama gerade nicht dabei war).

Aber Papas werden dann immer so rot. Am Kopf. Und ein bisschen abwesend. Fast so wie unsichtbar.

Als Gela mal mit Papa Auto fuhr (Papa natürlich vorne am Steuer und Gela hinten im Kindersitz), da hat sie den Papa erst mal so richtig aufgeklärt. Dass sie auch bald vorne sitzen darf, hat sie gesagt, weil sie dann nämlich Eier im Bauch hat und eine Mutter ist. Der Papa hat doch glatt ein bisschen den Wagen verrissen.

Ob vor Lachen oder vor lauter Schreck, das konnte Gela hinten nicht so richtig sehen.

***

Wenn ich mir was wünschen dürfte

Wenn ich mir was wünschen dürfte,
möchte ich wie Pippi sein;
möcht' so frei, wie sie tut's, leben,
braucht nicht mehr zur Schul' zu gehen,
wäre stark und froh und gut
und hätt' auch genügend Mut,
meinen Vater aus den Ketten
der bösen Seeräuber zu retten.

Wenn ich mir was wünschen dürfte,
möchte ich wie Momo sein.
Alle Menschen, die mich lieben,
würd' ich vor den grauen Dieben
- die mit Anzug und Melonen
in den großen Städten wohnen
und der Menschen Zeit ausnützen –
warnen, retten und beschützen.

Wenn ich mir was wünschen dürfte,
möchte ich wie Ronja sein;
durch die dunklen Wälder reiten,
über enge Schluchten gleiten,
jagen über Busch und Hecken,
würd' in Höhlen mich verstecken
und dabei, ganz ohne Waffen,
zwischen Feinden Frieden schaffen.

Wenn ich mir was wünschen dürfte,
möchte ich wie Nicki sein;
wäre klein und keck und witzig
und ich würde frech und spritzig
allen meine Lieder singen
und die Leut' zum Lachen bringen.
Dann würd' ich allen Leut' gefallen.
Das ist mein größter Wunsch von allen.

Faschingsträume

Kommt jetzt bald die Faschingszeit,
schlüpf' ich in ein fremdes Kleid,
kann mich eins-zwei-drei verwandeln.
Und schon bin ich 'ne ganz Andre.

Und ich denk' es mir recht fein,
heut' ein Kätzchen mal zu sein,
denn ein Kätzchen, jeder weiß es,
hat es gern, wenn man es streichelt.

Ist mir aber grad' zum Weinen,
möchte' ein Clown ich gerne sein,
denn ein Clown, wer weiß das nicht,
zeigt ein lachendes Gesicht.

Und mag ich mich selbst nicht sehen,
möcht' ich als Ballerina gehen,
denn Ballerinas sind nie hässlich,
sondern zart und sehr zerbrechlich.

Oder fehlt's mir mal an Mut,
verkleid' ich mich als Robin Hood,
und eins-zwei-drei bin ich ein Held,
stehl' für die Armen den Reichen das Geld.

Hab' ich aber Mist verzapft,
wünsch ich mir 'nen Zauberstab,
denn als Zauberer, ist doch klar,
mach' ich mich einfach unsichtbar.

Doch als Größtes auf der Erden
möcht' ich einmal König werden,
denn als König, ohne Frage,
muss jeder das tun, was ich sage.

Ist der Trubel dann vorüber,
bin ich wieder ganz ich selber:
tue, was die Andern sagen,
träum' nur noch von Heldentaten,
kann mich wieder selbst nicht leiden,
warte, bis mich jemand streichelt,
steh' zu dem, was ich verzapft,
wein' und lache, wie's mir passt,
motze wie 'ne freche Göre
und bleib' doch, wo ich hingehöre.

»Wieso kann man den lieben Gott nicht sehen?
Morgen fahren Papa und ich mit dem Auto los
und suchen den, und Papa findet ihn bestimmt!«

Papa muss nochmal heiraten

Gaby ist schon groß. Gaby geht in die Schule.

Gela ist leider noch nicht groß. Gela muss noch jeden Morgen in den Kindergarten. Sie findet das äußerst unpassend. Manchmal kann das aber auch sehr interessant sein. Denn im Kindergarten ist Astrid. Und Astrid's Eltern lassen sich scheiden.

Mit kindlicher Intuition spürt Gela, dass das auch sie betreffen kann.

Nun sitzt Gela in der Badewanne. Zusammen mit Gaby!!!

Das ist ein Ereignis und kommt höchst selten vor. Schwestern teilen nicht gerne. Nicht einmal das Badewasser. Aber heute verbindet sie das gleiche Problem. Astrid's Eltern. Und die gleiche Intuition.

Um sich haben sie eine Armada von Enten und Fischen aufgebaut. Aus Plastik. In rot und gelb. Enten und Fische eignen sich hervorragend zur Bewältigung von Problemen. Sie sind geradezu geschaffen dafür.

Da sitzen nun die beiden in einem Meer aus Schaum und philosophieren.

Unsere Eltern sind jetzt wohl geschieden … sagt Gaby und lässt die Fische ziellos durch das Wasser kreisen … und wir wohnen jetzt bei unserer Mutter …

Und unsere Mutter ist wohl gestorben. Und unser Vater ist jetzt wohl unser Onkel … und die roten Fische sind Vater und Mutter und Onkel gleichzeitig und müssen sich so manches gefallen lassen.

Ja, und unser Bruder ist jetzt wohl unsere Schwester … holt Gela aus und versetzt der Ente einen Schubs, dass sie untergeht … und die ist wohl Mutter geworden, weil die geheiratet hat. Und die hat jetzt ganz ganz viele Babys auf einmal gekriegt …

Und die Enten verwandeln sich in kleine, niedliche Babys, die unter lebhaftem Planschen die Badewanne bevölkern.

Ein warmes Bad tut gut.

Es entspannt. Und macht so großzügig. Und so tolerant.

Aller Schmutz ist abgewaschen und die Welt wieder licht und hell.

Daran kann auch das Haarewaschen nichts ändern. Selbst wenn es von lautem Geschrei begleitet ist. Aus Gewohnheit. Ohne dieses Ritual würde etwas fehlen. Mama und Papa können sich nicht erinnern, dass es jemals anders war. Die Nachbarn auch nicht.

Und als Gela endlich müde, warm und wohlig in den Bademantel eingewickelt, sich in Papas Arm kuschelt, ist es jene Großzügigkeit und Toleranz, die sie sagen lässt:

Weißt du Papa, wenn du mal mit einer unbekannten Frau schläfst, darfst du aber nicht schnarchen. Sonst denkt die, du spinnst.

Und als Papa ganz erstaunt tut und doch gerne wissen möchte, warum denn nicht, kann auch Gaby aus ihrem großen Erfahrungsschatz etwas beisteuern: Weil die sonst nie wieder mit dir schläft!

Als die Mama dann doch etwas spitz um die Nase herum wird und so sparsam aus den Augenwinkeln guckt, versucht Gela hilfreich zu retten, was noch zu retten ist: Aber wenn wir doch *noch* zwei Kinder kriegen wollen, dann *muss* Papa doch nochmal heiraten.

Ob die Mama das wohl einsieht?

* * *

»Und welche Ordnung soll ich machen?
Deine oder meine?«

Pädagogisches Waterloo

Gaby ist fünf Jahre alt. Und in einem Alter, in dem das Stillsitzen schwerfällt. Und sie hat eine pädagogisch bewusste Mama. Die ihre Nase in schrecklich schlaue Bücher steckt. Und schlaue Vorträge besucht. Vorträge zum Beispiel, in denen Mamas Ratschläge bekommen, wie man Hampelfritzen und Zappelgabys zum Stillsitzen »bewegt«.

Die Mama kommt dann ganz begeistert nach Hause. Es ist ja alles viel einfacher, als sie gedacht hat. Das Patentrezept hat sie gleich mitgebracht:

1. Man strafe Hampelfritz und Zappelgaby mit Nichtbeachtung.
2. Wenn das nicht hilft, frage man Hampelfritz und Zappelgaby freundlich, aber bestimmt, ob er/sie zappeln müsse.
3. Bejahen sie dies, schließe man sie freundlich, aber bestimmt von der Tischgemeinschaft aus und gebe ihnen die Möglichkeit, irgendwo anders herumzuzappeln.

4. Weil der Ausschluss aus der Gemeinschaft eine so harte Strafe ist, werden sie in Zukunft freiwillig auf jegliches Hampeln und Zappeln verzichten.

Gleich am nächsten Tag probiert die Mama das neue Rezept aus. Gaby hampelt beim Essen. Nichtbeachtung von Seiten Mamas. Große Beachtung von Seiten kleiner Schwester. Gaby hampelt weiter.

Mama: »Musst du hampeln?« – Gaby: »Nein.«

Und sitzt tatsächlich still. Zwei Tage lang.

Mama ist begeistert. Mit einem so schnellen Erfolg hat sie gar nicht gerechnet. Pädagogik ist doch eine feine Sache.

Drei Tage hält die Begeisterung an. Dann: Gaby hampelt beim Essen. Nichtbeachtung von Seiten Mamas. Große Beachtung von Seiten kleiner Schwester. Gaby hampelt weiter.

Mama: »Musst du hampeln?« – Gaby: »Ja!«

Mama atmet tief durch. Und greift auf Punkt 3 zurück.

Ein fröhliches Lied auf den Lippen, zieht Gaby, ihren Suppenteller in der Hand, auf ihr Zimmer. Mama ist nicht sehr beeindruckt. Sie wird das Gefühl nicht los, einen eher zweifelhaften Erfolg errungen zu haben.

Kleine Schwester dagegen ist sehr beeindruckt. Und in einem Alter, in dem man große Schwester rückhaltlos bewundert. Und nachahmt.

Kleine Schwester fängt furchtbar an zu zappeln.

Mama straft mit Nichtbeachtung (Punkt 1).

Kleine Schwester zappelt weiter.

Mama beharrt weiter auf Punkt 1. Bis kleine Schwester ungeduldig fragt: Wie lange muss ich denn noch zappeln, bis du mich auf mein Zimmer schickst?

Mama ist sich nicht sicher, ob der Pädagogik wirklich auf diesem Wege zu einem Sieg verholfen werden kann.

Am nächsten Mittag kommt ihr die Antwort entgegen – in Gestalt von großer und kleiner Schwester, die, einträchtig Händchen haltend, in der Küchentür stehen und wie aus einem Munde die Frage stellen: Dürfen wir gleich auf unserem Zimmer essen? Oder müssen wir vorher noch zappeln?

* * *

»Warum hat die Frau so einen komischen Hut auf?«
»Hast du schon mal so große Ohren gesehen, Mama?«
»Schielt der Mann immer?«
»Mama, Mama, guck mal, was die Frau für eine schiefe Nase hat!«

Im Bus

Eigentlich fahren sie alle gerne mit dem Bus. Oder mit der Straßenbahn. Gaby. Gela. Und Mama natürlich.

Da gibt es so viel Aufregendes zu sehen und zu erleben.

Kaum hat Gaby einen Platz am Fenster erobert (was gar nicht so einfach ist, denn die sind sehr begehrt), dann drückt sie sich auch schon die Nase an der Fensterscheibe platt und schaut aufmerksam auf das, was außerhalb des Busses passiert.

Still und andächtig beobachtet sie die Menschen, die vorbeigehen, die Autos, die vorbeifahren, und die Häuser, die in rasantem Tempo vorbeisausen.

Sie hat das Ganze im Blick. Sie inhaliert. Und schweigt.

Gaby fährt gerne Bus. Mama auch.

Und Gela sowieso. Sie beansprucht keinen Fensterplatz. Sie möchte am Gang sitzen, am liebsten in der Nähe der Tür. Dann kann sie genau beobachten, was im Bus passiert. Wer gerade einsteigt. Oder aussteigt.

Ihr Interessenschwerpunkt liegt innerhalb des Busses.

Gela ist kein stilles Wasser. Sie schweigt nicht. Sie schlägt Wellen. Laut und vernehmlich, und im ganzen … na ja, im halben … Bus zu hören.

»Mama, warum hat die Frau da so einen komischen Hut auf?«

Der Jahrmarkt der Eitelkeiten ist Gelas Metier noch nicht.

Die Mama möchte am liebsten ganz tief in ihren Sitz hineinrutschen. Muss sie darauf auch noch eine Antwort geben? Sie versucht, die Frage zu ignorieren. Und das Gesicht der Frau mit dem Hut möglichst auch.

Zum Glück steigt die Frau mit Hut auch gleich wieder aus. Ein Mann steigt zu.

»Mama, warum guckt der Mann so böse?«

Die Mama zumindest guckt verschämt – nach links und nach rechts. Die Frau neben ihnen unterdrückt krampfhaft ein Lachen.

Und der Mann? Guckt er jetzt noch böser? Hat er etwas gehört?

Am liebsten würde die Mama aufstehen und den roten Halte-Knopf drücken. Doch dazu ist es noch zu früh.

Und Gela hat ihr Pulver noch lange nicht verschossen. Es ist viel los im Bus. Sie guckt nach hinten und nach vorne, nach links und nach rechts – auf der Suche nach neuen Opfern.

»Mama, warum hat die Frau so eine lange Nase?«

Die Mama hat ein Gefühl, als wäre sie in den Wechseljahren. Der Schweiß steht ihr auf der Stirn. Der Kopf läuft rot an. Der Blutdruck steigt. Zum Glück erwartet Gela keine Antwort auf ihre Frage. Sie möchte nur kommentieren, was sie sieht. Und das Wort »Warum« hat sie gerade neu entdeckt. Es gefällt ihr.

»Mama, warum … ??«

Die Mama atmet tief durch und flüchtet sich in einen dämmerartigen Zustand. Die Frau neben ihnen platzt bald vor unterdrücktem Lachen.

Dann ist endlich die lang ersehnte Haltestelle erreicht.

Die Mama atmet tief auf.

Wie viele große Ohren, schiefe Zähne und hässliche Brillen Gela noch der Aufmerksamkeit preisgegeben hat, hat sie nur noch in Trance wahrgenommen. Die Mama fährt gerne Bus.

Manchmal.

Manchmal aber auch nicht.

* * *

Alarmstufe 1

Pst … meine Mutter schläft!

Die Mama hat den ganzen Morgen geschuftet, hat Gela zum Kindergarten gebracht und Gaby zur Schule, ist Einkaufen gegangen, hat die Fenster geputzt, Wäsche gewaschen, Gela wieder vom Kindergarten abgeholt und Gaby von der Schule … und dann hat sie auch noch das Mittagessen gekocht. Nun überkommt sie lähmende Müdigkeit.

Es ist ein Naturgesetz, dass das Bedürfnis nach Mittagsschlaf bei den Kindern im gleichen Maße abnimmt, wie es bei den Müttern zunimmt.

Die Mama hat den Mittagsschlaf redlich verdient. Die Kinder meinen das natürlich auch und versprechen ernsthaft – ganz ernsthaft – die Mama auch bestimmt nicht zu stören. Heiliges Indianer-Ehrenwort!

Die Mama trifft Vorbereitungen – sie weiß aus Erfahrung, dass es ohne nicht geht – … dreht das Telefon leise, quartiert den Vogel aus, stellt die Klingel ab … und kuschelt sich dann wohlig – die Wolldecke bis unter das Kinn gezogen – aufs Sofa.

Stille. Angenehme Stille ringsumher.

Die Augenlider werden schwer. Eine wohlige Müdigkeit breitet sich aus.

Sie schreckt hoch. Was war *das*? Nerviges Geklapper am Briefkasten.

Großes Palaver an der Haustür.

»Pst … nicht so laut … meine Mutter schläft!«

Mit lautem Knall fällt die Tür ins Schloss.

Wieder Ruhe! Ruhe im ganzen Haus.

Die Kinder sind draußen. Nun kann nichts mehr stören. Die Mama schließt wieder die Augen und spürt bald eine wohlige Wärme in den Armen, in den Händen, in den Fingern …

… und schreckt wieder auf.

Großes Geschrei vor der Haustür. Die Kleine steht da mit zusammen gekniffenen Beinen und muss ganz dringend. Sofort! Höchste Alarmstufe!

Soll sie vielleicht in die Hosen machen? – Natürlich nicht!

Sie kann auf das Verständnis der Mama zählen.

Würde ja auch viel zu viel Arbeit machen. Hinterher.

Auch das wär geschafft. Die Mama ist sicher, nun alle kreativen Versuche kindlichen Störungsdranges abgewehrt zu haben. Sie igelt sich wieder auf dem Sofa ein. Und schläft bald wirklich. Und träumt.

Träumt, dass ein kleines Wesen auf Zehenspitzen ins Zimmer geschlichen kommt. Spürt sie nicht einen leichten Atemhauch über ihrem Gesicht?

Und dringt nicht ein leises, ganz leises Flüstern an ihr Ohr: »Schläfst du schon?«

Das kann nur ein Traum sein.

So grausam ist die Wirklichkeit nicht.

Die Mama atmet ganz flach. Jetzt nur nicht bewegen. Und nicht mit den Augen blinzeln.

Stille. – Verdächtige Stille.

Ist der Traum wieder gegangen? Oder steht er noch leibhaftig vor dem Sofa?

Die Mama hört auf zu atmen. Vorsichtshalber.

Ob sie mal ganz leicht die Augen öffnen kann? Die Antwort erübrigt sich. Zwei kleine Hände schieben ihre Augenlider hoch – ganz sachte natürlich, denn die Mama soll ja nichts merken … oder doch? …

Und dann flüstert ein kleiner Mund dicht an ihrem Ohr: »Du hast mir gar nicht gesagt, wann ich dich wecken soll!« Die Mama scheint das kreative Potential ihrer Kinder doch gewaltig unterschätzt zu haben.

* * *

Er selbst ist das Geschenk.

Robin feiert Weihnachten

Robin feiert Weihnachten. Sein zweites Weihnachtsfest. Das erste hat er noch verschlafen. Doch nun ist er wach. Hellwach! Den Tannenbaum hat er mit cooler Gleichgültigkeit akzeptiert. Obwohl der seinen Bewegungsdrang gewaltig einengt.

Doch bewegen will Robin sich heute sowieso nicht. Er will auspacken. Geschenke auspacken. Und dann mit dem Papier spielen. Das knistert so schön. Und zerreißen kann man es auch. In viele … viele kleine Schnipsel.

Robin findet Weihnachten toll.

Und dann kommt der Höhepunkt!

Ein Paket aus Berlin!

Ein großer Karton. Ein ganz großer Karton. Wenn man gerade mal ein Jahr alt ist, kann ein Karton das Leben erheblich bereichern. Der Karton, wohlgemerkt – nicht der Inhalt.

Die Mama und die Tante haben schon die Schere gewetzt. Aber nicht mit Robin gerechnet. Der sitzt ganz plötzlich oben drauf – so schnell können Erwachsene gar nicht gucken, wie

Robins klettern können – streckt die Ärmchen in die Höhe und ist sooooo groß!

Er ist der Größte. Größer als Mama und Tante, die anbetungsvoll vor dem Paket knien. Und ratlose spitze Gesichter machen.

Und locken. Und gurren. Zuckersüß. Robin, komm doch. Komm doch runter …

Robin kommt nicht. Noch nicht!

Er streckt die Ärmchen noch höher und ist nooooch größer.

Und würde den ganzen Abend da oben sitzen bleiben, wenn nicht der Papa wäre. Und ihn einfach von seinem Thron herunterholte.

Spielverderber!

Bevor Robin lauthals protestieren kann, haben die Mama und die Tante das Paket schon aufgemacht …

Wie schon gesagt: So schnell können Erwachsene gar nicht gucken, wie Robins klettern können … Schon steht er oben auf den Geschenken, streckt die Ärmchen in die Höhe … und fängt an zu hopsen … Rauf und runter, rauf und runter …

Eigentlich ist das Spiel gar nicht so schlecht. Die Mama jucht und die Oma kreischt etwas, das klingt wie »Porzellan«. Und der Opa nuschelt so was ähnliches wie »Keksgebrösel« in seinen Bart. Doch so schwierige Wörter kennt Robin noch nicht. Wenn man ein Jahr alt ist, ist man über zwei Silben noch nicht hinausgewachsen.

Hauptsache, er hat den Karton bald für sich allein. Die Geschenke stören *doch* irgendwie. Also nichts wie raus damit. Beim Auspacken ist Robin durchaus entgegenkommend und hilfsbereit.

Dann endlich ist der große Augenblick da. Er hat den Kasten für sich allein. Und während Mama, Papa, Oma, Opa und Tante eifrig mit Auspacken und Bewundern beschäftigt sind, wird der Karton seiner eigentlichen Funktion zugeführt: als Höhle, als Auto, als Hund, als Bett für den Teddy oder für Robin selber …

Erwachsene haben gar nicht genug Fantasie, um sich das alles vorzustellen.

Dies ist ein ganz besonderes Weihnachtsfest für Robin. Weil er sich nämlich nie wieder soooo tüchtig über einen leeren Karton freuen wird. Zum nächsten Fest wird Robin zwar noch keine großen Wünsche haben … und noch keinen langen Wunschzettel. Aber die Geschenke werden einer schlichten leeren Kiste den Rang ablaufen.

Und mit ihnen kommt Robin den Erwachsenen um ein Jahr näher – zumindest – was den Verlust der Fantasie angeht.

* * *

»Wenn das Auto Angela überfährt, dann wird
doch meine Kindergartentasche ganz schmutzig.«

Großer Bruder

Robin ist Bruder geworden. Er sitzt neben der Mama, hält die Babypuppe im Arm und gibt ihr die Flasche. Die Mama hält das Baby im Arm und stillt es.

Das kann Robin natürlich nicht. Wie schon gesagt: er ist Bruder geworden.

Groß war die Vorfreude auf das Baby. Er durfte die Mama zum Arzt begleiten, das Baby im Ultraschall angucken, zusammen mit Papa den Namen aussuchen. Und er hat verhindert, dass das neue Baby Julien heißt. Denn davon, hat Robin gesagt, kriegt er einen Knoten in der Zunge.

Darum heißt das Baby nun Daniel. Und Robin darf es gleich am ersten Lebenstag zusammen mit Papa im Krankenhaus besuchen. Es ist nicht so, dass er die Mama nicht angeguckt hätte, nein, eines Blickes hat er sie schon gewürdigt. Doch dann stürzt er sich auf das Bettchen und gleichzeitig stürzt eine nicht kontrollierbare Flut von Wörtern aus seinem kleinen Mund: »Schläft das Baby? Darf ich es streicheln? Hat es schon getrunken? Weint es manchmal?«

Und dann, sehr bestimmt: »Wenn das Baby zu Hause ist, kann ich es wickeln!«

Seine Euphorie ist im Himmel angesiedelt.

Alle Leute, am Telefon oder im Supermarkt, fragt er: »Habt Ihr unseren Daniel schon gesehen?«

Und dann kommt Daniel nach Hause. Und Robins Euphorie ist auf der Erde angekommen. Er darf nicht mehr den Ball durchs Zimmer kicken! Er muss sogar die Sirene an seinem Feuerwehrauto abstellen! Und auf keinen Fall darf er mit dem Stubenwagen ein Rennen fahren. Mamas Stimme bekommt dann so einen hohen, ganz schrillen Klang.

Nun sitzt Robin also auf dem Sofa und »stillt« sein Baby. Und langsam kommen ihm Zweifel, ob die Mama das echte Baby nicht doch besser im Krankenhaus gelassen hätte.

Zugegeben, Robins Position hat sich verbessert. Er ist jetzt der Große! Der Papa nimmt ihn sogar mit zum Angeln!

Und die Mama spricht jetzt viel mit ihm über Vernunft. Viel zu viel, findet Robin. Und immer dann, wenn sie mit dem Baby alleine sein will. Aber da hat sie die Rechnung ohne ihren Robin gemacht! Gerade dann tanzt er nämlich vor Mamas Nase (und besonders gerne auch darauf) herum, damit sie ihn auch ja nicht vergisst vor lauter Daniel.

Trotzdem hat Robin seinen Bruder lieb. Und weil er ihn so lieb hat, drückt und küsst er ihn oft und herzhaft. Und wenn die Mama gerade nicht hinguckt, kann er den Daniel auch so ganz nebenbei – und auch nur ganz kurz, wirklich! – ins Ohr kneifen.

Wenn die Mama aber doch hinguckt, dann hat Robin verloren. Dann spricht sie wieder von »Vernunft« und »lieb sein«, und dann geht Robin lieber gleich in sein Zimmer und macht die Tür ganz laut hinter sich zu. Denn dann muss er darüber nachdenken, ob er nun schon groß oder noch klein ist. Die Mama weiß das scheinbar auch nicht so genau! Und Robin schon gar nicht.

Aber er lernt. Und er lernt schnell. Zum Beispiel, wie er die Situation für sich nutzen kann … … Wenn die Mama mal wieder meint, dass er der Große ist, dann besteht er darauf, abends so lange aufbleiben zu dürfen wie sie. Ist doch klar, oder? Und wenn Robin sich wieder mal ganz klein fühlt, so klein, dass er viel lieber Daniel sein und bei der Mama kuscheln möchte, dann fordert er lautstark seinen Schnuller (den die Mama ihm viel zu gerne wegnehmen würde, weil er ja schon so groß ist!) Und mal ganz ehrlich – es ist doch gar nicht so schlecht, sich von allem das Beste auszusuchen, oder?

Wenn nur die Mama nicht immer gerade dann so genau hingucken würde, wenn er Daniel so richtig herzhaft drückt! Dann könnte er sich glatt an seine neue Rolle gewöhnen. Und an seinen kleinen Bruder auch.

* * *

Die Menschen sitzen im warmen Stall –
und die armen Tiere müssen draußen frieren.

Erwachsene sind manchmal furchtbar dumm

Erwachsene sind manchmal furchtbar dumm. Findet Robin. Da hängen zum Beispiel eines Morgens 24 Päckchen von der Decke herab. Mit seinen 92 cm Lebenserfahrung weiß Robin natürlich, dass die nicht ohne Leiter zu erreichen sind. Ganz schön dumm. Oder …? Und dann gibt es noch einen Nikolaus, der leckere Sachen wie Orangen, Schokolade oder Honigkuchen bringt. Und die ausgerechnet in Robins Stiefel steckt. Also wirklich!

Da scheint es doch eine Zeit im Jahr zu geben – immer, wenn es so schrecklich dunkel ist – da verlieren die Erwachsenen jeglichen Bezug zur Realität.

Da erzählen sie plötzlich von Menschen in weißen Nachthemden, die fliegen können. Engel nennen sie die. Oder von Weihnachtsmännern, die durch den Schornstein kommen. Da muss ein zweijähriges Kind schon eine Menge Fantasie aufbringen, um ihnen folgen zu können.

Bei Oma und Opa steht sogar ein Bauernhof im Wohnzimmer. Die Erwachsenen nennen ihn natürlich anders. Ist doch klar. »Krippe« heißt das, sagt der Opa. Aber Robin weiß das besser, schließlich wohnt er auf dem Lande. Schafe, Hühner, Gänse, ein

Hund, ein Pferd, ein Kalb und ein Esel stehen da herum. Nur der Trecker fehlt. Schade.

Nun gut, vielleicht könnte es auch ein Zoo sein, mit den Elefanten und den Kamelen ... Aber mit seinen 92 cm Lebenserfahrung weiß Robin schon, dass es keinen Sinn macht, den Erwachsenen zu widersprechen.

Er sieht das sowieso mehr von der praktischen Seite. Und so viel Ungerechtigkeit wie hier hat er noch nie auf einem Bauernhof gesehen. Da sitzen die Menschen im warmen Stall – das Baby liegt sogar in der Futterkrippe – und die Tiere stehen draußen und frieren und hungern. Robins kleines Herz zieht sich vor Kälte zusammen.

Wie gut nur, dass der Stall einen kuscheligen Heuboden hat. Und Mama und Oma in der Küche Kekse backen. Robin schreitet zur Tat. Schwupps, hat er die Flügelwesen in den weißen Nachthemden vom Dach vertrieben. Und schwupps, stopft er alles, was er an Tieren greifen kann, in den Heuboden. Und es ist erstaunlich, wie viele Hunde, Katzen, Schafe, Esel, Kühe ... da hineinpassen. Selbst ein König findet noch Platz im Heu.

Und wahrscheinlich wäre sämtliches Getier darin verschwunden, hätten die Mama und die Oma diesem Spiel nicht ein abruptes Ende gesetzt. Die Ruhe im Wohnzimmer kam ihnen doch gleich verdächtig vor. Robin kann die Aufregung gar nicht verstehen. Abgesehen davon, dass er die Klappe vom Heuboden abgebrochen hat ...

Aber da gibt es ja zum Glück den Opa. Der ist für solche Fälle gut zu gebrauchen. Darum ist der Opa auch Robins Freund. Doch in diesem Fall benimmt der Opa sich wie ein Erwachsener. Von nun an darf Robin sich nur noch *eines* der Tiere zum Spielen holen … Solche Regeln können sich nur Erwachsene ausdenken.

Nun ja … wenn gerade niemand hinguckt … Allerdings, bis eins kann Robin schon zählen. Darauf ist er besonders stolz. Manchmal sogar bis zwei. Also hält er sich an die Regel, wenn er nicht allein im Zimmer ist. Mit seinen 92 cm Lebenserfahrung weiß er wohl, dass man Erwachsenen hin und wieder auch ihren Willen lassen muss. Dann spielt er ganz brav mit dem Schaf und tauscht es dann ganz brav gegen das viel buntere Kamel ein, das er sogar an einem Band hinter sich herziehen kann. Er wäre sogar bereit, dieses interessante Tier gegen nur *eine* Gans einzutauschen. Doch eigentlich gefällt ihm dieser Kompromiss nicht besonders gut. Und als er das Kamel wieder an seinen Platz zurückstellt, schlägt er einen Handel vor: dass dieses große bunte Tier doch mindestens *zwei* Gänse wert sei. Und mit ihren 1,80 m Lebenserfahrung wissen Oma und Opa sehr wohl, dass man einem Robin auch hin und wieder seinen Willen lassen muss.

Robin hat schnell gelernt, dass in der Adventszeit die Erwachsenen die Spielregeln vorgeben … und dass es ihm nur Vorteile bringt, wenn er ihnen zumindest in dieser Zeit den Glauben an ihre Überlegenheit lässt. Schließlich glauben sie ja auch an den Weihnachtsmann.

* * *

Weihnachten hat viele Gesichter

In vielen Ländern, in Ost und West,
freu'n sich die Kinder aufs
Weihnachtsfest.

In FINNLAND kommt der
Weihnachtsmann
mit einem Schlitten vorgefahr'n,
vor den acht Rentiere gespannt.

Und dann in einem andren Land,
in SCHWEDEN, sind's die
Tomtenisse,
von denen alle Kinder wissen,
dass sie's sind, die die
Weihnachtssachen
hübsch fertig machen und verpacken,
damit der Jultomte sie dann
den »braven« Kindern bringen kann.

In NORWEGEN und DÄNEMARK
sind diese Nisse nicht so brav.
Sie spiel'n den Kindern manchen
Streich,
wenn nicht ein Topf mit Haferbrei
Weihnachten vor der Türe steht.

Und im fernen RUSSLAND geht
Babuschka, die alte Frau,
suchend nachts von Haus zu Haus,
ob sie das Jesuskind wohl find'.
Und glaubt sie, dass im Haus ein Kind
wohnt, legt sie ihm zum Dank
Geschenke auf die Fensterbank.

In POLEN geht der Nikolaus
mit Engel und Teufel von Haus zu
Haus.
Der Engel trägt die vielen Geschenke,
der Teufel muss die Rute schwenken.
Hier müssen die Kinder auf ihre
Sachen
bis zum heiligen Drei-Königs-Tag
warten,

wie es auch in ITALIEN der Brauch.
Dort lässt des nachts durch
Schornstein und Rauch
Befana ihre Geschenke zurück.
Wer böse war, findet ein Kohlestück.
Und da sie einst eine Hexe gewesen,
so reitet sie auf einem Besen.

In FRANKREICH kommt Père Nöel
mit langem Bart und warmem Fell –
umhang und packt in Ruhe
den Kindern Leckres in die Schuhe.

In HOLLAND versteckt Sinter Klaas
im Haus in allen Ecken was.
Und mit Heu und Rüben, gefüllt für
sein Pferd,
stehen die Stiefel nachts vor dem
Herd.
Die Kinder glauben, er kommt von
weit her,
mit dem Schiff aus Spanien über das
Meer,

obwohl er in SPANIEN niemals war,
denn Kaspar, Melchior, Balthasar
kommen hier auf ihren Kamelen
geritten,
erfüllen den Kindern heimliche
Bitten.

Und über'm Kanal, im ENGLISCHEN
LAND,
da wird er Father Christmas genannt.
Wenn die Kinder abends die Strümpfe
auszieh'n,
hängen sie sie – schmutzig? – vor den
Kamin,
denn durch diesen kommt – oh Graus –
Father Christmas in jedes Haus.

Und drüben im fernen AMERIKA
ist Santa Claus mit dem Schlitten da.
Er kommt vom Nordpol angereist,
seiner kalten Heimat aus Schnee und
Eis.

Und in DEUTSCHLAND, da schleicht
Nikolaus
am 6. Dezember in jedes Haus.
Und waren die Kinder brav und nett,
füllt er die Teller unter dem Bett.

Und kommt die Heilige Nacht heran,
dann teilen sich der Weihnachtsmann
und's liebe Christkind das
Beschenken,
um alle Kinder zu bedenken.

Nun sagt, wie sie's hierinnen find:
Sind's gute Kind, sind's böse Kind?

Advent, Advent,
ein Lichtlein brennt,
erst eins, dann zwei,
dann drei, dann vier,
…

Nikolaustag

Es ist Nikolaustag. Robin und Daniel backen mit Mama und Oma Kekse.

Robin ist mit Eifer dabei, Herzen Sterne Tannenbäume auszustechen. Daniel dagegen verteilt mit Begeisterung das Mehl gleichmäßig auf dem Tisch und unter dem Tisch. Dabei vergisst er auch seinen Bauch, die Haare und die Füße nicht. Nur die Windel bleibt mehlfreie Zone.

Plötzlich klingelt es an der Haustür. Kinder stehen davor, sagen ein Gedicht auf und bekommen von der Oma einen Schokoriegel in ihren Nikolaussack gepackt. Daniel vergisst sofort Mehl und Kekse und wartet fortan an der Haustür auf die wundersame Vermehrung der Kinder … und der Schokoriegel. Lange muss er nicht warten. Als es wieder klingelt, singen die Kinder ein Weihnachtslied und bekommen – natürlich – einen Schokoriegel.

Draußen dämmert es bereits und nun dämmert es auch Robin. Beim dritten Klingeln besteht er darauf, dass er die Tür öffnen darf. Und nach der vierten Aufführung – die Kinder spielen sogar Blockflöte – möchte er endlich wissen, was da vor sich geht.

Die Mama erklärt ihm, dass am Nikolaustag alle Kinder, die vor der Haustür ein Adventsgedicht aufsagen oder ein Weihnachtslied singen, etwas zum Schleckern bekommen.

»Ich kann auch ein Gedicht …«, sagt Robin stolz. Und an Mamas Bein geklammert, den Kopf verschämt gesenkt, sagt er leise, ganz leise … dass die Oma ihn kaum verstehen kann … ein Herbstgedicht auf. Das hat er im Kindergarten gelernt. Und das wird natürlich mit einem Schokoriegel belohnt.

Von nun an denkt Robin pragmatisch.

»Mama, kann ich auch Nikolaus laufen?«

»Kennst du denn ein Adventsgedicht?« Ein zögerndes »Nein …« ist die Antwort.

»Dann lernst du im nächsten Jahr eines und läufst dann …«, empfiehlt die Mama – ebenso pragmatisch.

Es klingelt wieder. Diesmal stehen größere Kinder vor der Tür. Und weil sie sich nicht sicher sind, ob sie diesem kindlichen Brauch vielleicht schon entwachsen sind, sagen sie das Gedicht mit den vier Lichtlein auf … und schieben den Satz mit dem fünften Lichtlein gleich hinterher.

»Die haben das ganz falsch aufgesagt …«, entrüstet sich Robin.

Die Oma staunt. »Weißt du denn, wie es richtig heißt … ?«

Und Robin sagt den Text mit den vier Lichtlein auf, sicher und ohne zu stocken.

»Du kannst ja doch ein Adventsgedicht!« Die Oma ist begeistert.

Robin auch. Und er möchte sofort … »Mama! Sofort!« … Nikolaus laufen!

Die Mama ist nicht so begeistert.

Doch der nächste Akt bringt die Entscheidung. Es ist noch dunkler geworden. Und die Kinder, die vor der Tür stehen, noch größer. Und noch frecher.

Während zwei an der Haustür den Spruch vom armen Kater loslassen, halten sich zwei weitere bedeckt im Hintergrund. Aber als die Oma in die Tüte mit den Schokoriegeln greift, stehen sie plötzlich vor der Tür.

Da haben sie die Rechnung aber ohne die Oma gemacht. Kein Gedicht – kein Schokoriegel!

Robin ist tief beeindruckt. Und bezieht die neue Erkenntnis sofort in seine Planung ein: »Daniel, wenn wir Nikolaus laufen, musst du auch ein Gedicht aufsagen!«

»Daniel kann noch kein Gedicht«, gibt die Mama zu bedenken.

Aber Robin gibt nicht auf. Jetzt nicht mehr!

»Daniel, sag mal: Advent!«

»Aa …fenn … «

»Daniel, wenn wir vor der Tür stehen, sagst du »Advent« … und ich sag das andere. Verstanden?«

Und dann mit Bestimmtheit: »Mama, Daniel kann doch ein Gedicht! Können wir auch morgen noch laufen?«

Die Mama verneint.

»Dann will ich jetzt!«

Die Mama weiß, wann sie verloren hat.

Sie setzt ihren Zwergen die Zipfelmützen auf, die Oma kramt zwei Säcke hervor und los geht es.

Robin sagt – gar nicht mehr schüchtern – an jeder Haustür sein Adventsgedicht mit den vier Lichtlein auf. Und Daniel setzt sein artigestes und charmantestes Lächeln auf. Das er so gerne aus dem Hut zaubert, wenn er nicht bis drei zählen kann. Was ja – genau genommen – auch stimmt.

Stolz zeigen sie ihre Beute, als sie wieder zurück sind.

Aber Robin hat noch viel mehr erlebt und er schäumt über. Er hat die großen Kinder wieder getroffen … »und die haben sich verabredet, die wollen sich noch einmal verkleiden, dann erkennen die Leute sie nicht wieder und geben ihnen noch mal was …«, berichtet er atemlos.

Seine Moral ist zutiefst gespalten. Dieser Tag hat Spuren hinterlassen. Robin wird nächstes Jahr wieder Nikolaus laufen. Bestimmt! Und über viele Jahre wird er ein Weihnachtslied singen oder das Gedicht mit den 4 Lichtlein aufsagen.

Doch irgendwann wird auch er in das Alter kommen, in dem er sich denHinweis auf das fünfte Licht nicht mehr verkneifen kann. Es ist gar nicht so leicht, die Segnungen der Kindheit hinter sich zu lassen.

* * *

»Mama!!! Das brauchen wir!!!
Damit können wir eine Seifenkiste bauen!«

Daniel, der Geräuschemacher

Daniel sieht man nicht. Daniel hört man.

Wenn er bei Oma und Opa zu Besuch ist, klappert er als Erstes mit dem Griff der Milchkanne, die im Flur steht. Laut … damit alle ihn hören. Weil er nämlich noch viel zu klein ist, um an den Klingelknopf zu kommen. Und viel zu klein, um Guten Tag zu sagen.

Aber auch zuhause weiß die Mama immer, wo ihr Daniel steckt. Auch wenn sie ihn nicht sieht. Wenn er sich in eine Bohrmaschine oder eine Säge verwandelt – und die können ganz schön laut sein – dann hilft er dem Papa gerade bei der Arbeit. Nur so als Beispiel.

Und wenn er bei dieser Arbeit eine Pause macht und wie ein kleiner Bär brummt und pustet … und das auch noch gleichzeitig … dann weiß der Papa – ohne Daniel anzusehen – dass der sich gerade ein Taschentuch vor das Gesicht hält und Husten und Schnauben übt …

…die Erwachsenen müssen doch wirklich komische Geräusche dabei machen!

Und wenn …

… Daniel pufft und rattert und knattert, dann weiß die Mama, dass er am Stubenfenster steht und gerade ein Auto, ein Traktor und ein Motorrad vorbeifahren. Genau in der Reihenfolge.

Und je lauter Daniel pufft und rattert und knattert, desto größer sind das Auto, der Traktor und das Motorrad.

Und wenn …

… er mit den Fäusten gegen die Tür schlägt, eine ganz bestimmte Tür, dann ist klar: Der große Robin hat dem kleinen Daniel genau diese Tür vor der Nase zugeschlagen, … weil er nämlich mit seinen Autos spielen will, ohne dass Daniel dazu pufft und rattert und knattert.

Dann zieht Daniel das Schwert (es kann aber auch ein Kochlöffel oder ein Schuhanzieher sein) und stößt lautes Kampfgeschrei aus, so wie Ritter Robin das immer tut, wenn er seine Rüstung trägt.

Aber Daniel kann auch leiser und man kann seinen Fähigkeiten einen gewissen künstlerischen Wert nicht absprechen … wenn er … wieder mal nur als Beispiel … mit der Zunge schnalzt, was beim Essen ganz besonderen Spaß macht … oder mit den Zähnen knirscht, dass die Mama eine Gänsehaut bekommt und selber anfängt zu knirschen.

Einen ganz besonderen Unterhaltungswert erzielt er aber dann, wenn er B-r-r-r-r-r macht, dass der Sabber nur so spritzt – was bei Sonnenlicht einen ganz tollen Effekt erzielt – fast schon künstlerisch – und sogar den Papa beeindruckt.

Daniel kann sogar Fremdsprachen. Er kann nicht nur muhen, gackern, wiehern und miauen wie die Tiere nebenan auf dem Bauernhof … oder quaken wie die Frösche im Teich.

Daniel kann auch piepsen wie die Fische. Ja, ganz richtig. Er piepst … wie die Fische.

Seitdem er im Zoo war, kann er sogar wie ein Löwe brüllen und wie ein Tiger fauchen … … Und töröööten wie ein Elefant.

Aber wehe, wenn Daniel im tiefsten Bass zu brummen anfängt, laut und anhaltend. Dann ist er der große böse Bär, der seinen Willen nicht bekommt. Und Mama und Papa tun gut daran, ihm aus dem Weg zu gehen.

Aber wenn Daniel lacht, die Tonleiter rauf und runter gluckst und gurrt, dann ist er Mamas liebstes Kind.

Doch nach allem Glucksen, Knurren, Bellen und Grunzen kommen neuerdings ganz neue Töne aus seinem Mund: Daniel spricht! Wörter! Wörter wie … Auto … Mama … Hammer … nein.

Nein! … kann er besonders gut. Und er spricht das Ausrufezeichen gleich mit.

Daniel hat die Sprache der Menschen entdeckt.

Mama und Papa platzen vor Stolz. Aber, wer weiß … vielleicht werden sie sich eines Tages nach einem Daniel zurücksehnen, der schnurren kann wie eine Katze und brummen wie ein Bär? Und vielleicht würden sie ihm sogar verzeihen, wenn er wieder piepsen würde wie ein Fisch.

* * *

»Wie werden Schnee und Menschen gemacht?
Und wo kommen die raus?«

Der kleine und der große Unterschied

Noch ist Daniel in der Windel-Entwöhnungsphase, da macht er eine zukunftsweisende Entdeckung. Wenn er auf seinem Musik-Töpfchen sitzt (das sofort zu jubilieren beginnt, wenn Daniel einen Tropfen fallen lässt) und die Mama sitzt auf der Toilette (die leider keine Jubeltöne von sich gibt) – dann weiß er: Er hat etwas, was die Mama nicht hat.

Es gibt da einen kleinen Unterschied – und der ist durchaus nicht musikalischer Natur. Daniel hat ihn. Der Papa hat ihn. Daniels Bruder hat ihn. Nur die Mama, die hat ihn nicht – den kleinen Unterschied, der die Menschheit in zwei Hälften teilt.

Lange denkt Daniel darüber nach – man sieht richtig, wie es in seinem Kopf arbeitet. Und meistens, wenn er denkt, denkt Daniel laut. Und über Kreuz. Und er läuft aufgeregt um den Tisch – erst links herum, dann rechts herum.

Die Mama hält den Augenblick für gekommen, erste Aufklärungsarbeit zu leisten – ihrem Jüngsten sozusagen die vereinfachte »Unter-Putz«-Version zu vermitteln. Über den kleinen Unterschied, der Daniel ganz groß erscheint.

Lebenswichtig.

Ob darum keine Jubelarien ausbrechen, wenn Mama auf der Toilette sitzt?

Er hört der Mama aufmerksam zu. Und je länger er zuhört – und je länger er darüber nachdenkt – kreuz und quer und um den Tisch herum – kommt er zu dem Schluss, dass er die Mama trösten muss. Ganz lieb nimmt er sie in den Arm und sagt mit fester Stimme: »Macht nichts, Mama. Wenn du groß bist, bist du auch ein Junge.«

Und Daniel sieht ganz genau, wie die Mama erleichtert aufatmet. Doch das Thema beschäftigt ihn weiter. Dazu denkt er viel zu gerne.

Wie erkennt er denn nun, wer ihn hat – diesen kleinen Unterschied – und wer nicht?

Daniel umkreist den Tisch – mal links und mal rechts herum. Seine Gedanken schlagen Purzelbäume. Die meisten Menschen kennt er nur angezogen. Da gibt es nur eins: Er muss forsch und direkt an die Sache heran gehen.

Und so pflanzt sich Daniel am nächsten Morgen vor der Oma auf, stemmt die Arme in die Hüften und fragt laut und bestimmt: »Oma, hast du auch keinen Pi-Mann?«

Und als die Oma, die ein Schmunzeln kaum unterdrücken kann, die Frage bestätigt, fragt Daniel – betont ungehalten wie ein Inquisitor:

»Was – hast – du – dann?!!!!«

Zum Glück greift die Mama ein. Und wiederholt geduldig ihre »Unter-Putz«-Version. Doch die hat Daniel schon beim ersten Mal nicht verstanden.

Was er nicht sehen kann, das kann es auch nicht geben.

Daniel ist an seine Grenzen gestoßen. An die Grenzen seines kleinen Gehirns. Seine Gedanken werden noch öfter um den kleinen Unterschied kreisen – und um den Tisch.

Da wird sich die Mama wohl auf einiges gefasst machen müssen. Schließlich wird Daniels kleines Gehirn irgendwann präzisere Fragen ausbrüten – um den versteckten Geheimnissen des Lebens auf die Spur zu kommen.

***

Auf Empfang geschaltet

Kleiner Bruder

Daniel hat einen großen Bruder. Damit steht er nicht alleine da. Große Brüder sind Fluch und Segen gleichzeitig. Man kann viel von ihnen lernen.

Aber sie können auch ganz furchtbar nerven.

Und das tut Robin zum Beispiel immer dann, wenn er den »Großen Bruder« herauskehrt und darauf pocht, abends länger aufbleiben oder fernsehen zu dürfen. Oder wenn er Freunde zu Besuch hat und die Großen den kleinen Daniel nicht mitspielen lassen.

Oder wenn Robin so ganz von oben herab die Liga, in der Daniel Fußball spielt, als »Pampers-Liga« degradiert. Nur, weil *er* schon in die Schule geht und Daniel noch in den Kindergarten.

Dabei ist Daniel so stolz, nun endlich auch in einem Fußball-Verein zu spielen – wie sein großer Bruder. Und *der* hat auch einmal klein angefangen. Aber das vergessen große Brüder gerne.

Und immer ist der große Bruder um einige Jahre voraus. Da kann Daniel sich noch so anstrengen, um mitzuhalten. Wenn sie Spiele machen, gibt Robin die Spielregeln vor – weil er sie ja schon vorlesen kann.

Da muss Daniel Strategien entwickeln.

Und s e i n e Stunde schlägt immer dann, wenn Robin nicht da ist. Und er alleine mit Mama und Papa oder Oma und Opa ist. Und nur mit ihnen Spiele machen kann. Brettspiele zum Beispiel.

Dann gibt e r die Spielregeln vor - unabhängig von der vorgeschriebenen Anleitung – ganz nach seinem Gusto. Und das tut er mit Bestimmtheit, so wie er es vom großen Bruder abgeguckt hat.

Dass er die Regeln so auslegt, dass sie seine eigenen Gewinnchancen nicht gerade schmälern, muss nicht besonders hervorgehoben werden. Das versteht sich fast schon von selbst.

Und Mama und Papa und Oma und Opa spielen das Spiel mit.

Doch bald wird auch Daniel größer werden – auch wenn ihm das viel zu lange dauert - und feststellen, dass er durchaus Fähigkeiten und Begabungen hat, die bei seinem großen Bruder weit weniger ausgeprägt sind als bei ihm.

Und dann kann er sich auch wieder an die allgemein gültigen Spielregeln halten.

Zwillinge sind nervig

Es gibt Kinder, die spielen gerne Erwachsen sein. Wie Robin und Daniel. Dann verkleiden sie sich mit Papas Jacke und einem Cowboyhut und machen auf Groß.

Und es gibt Erwachsene, die wieder ganz klein werden, wenn sie mit Kindern spielen. Wie Daniels und Robins Tante und Onkel. Die brauchen keine Verkleidung. Nur die Nähe ihrer beiden Neffen, und schon verwandeln sie sich in wilde Piraten oder beißende Bettvorleger.

Doch nun schicken sich diese großen Kinder an, selbst Eltern zu werden. Die Tante ist schwanger. Robin sieht – mit der weisen Voraussicht eines Vorschulkindes – seine Felle davonschwimmen.

Warum die Tante denn ein eigenes Kind wolle, möchte er wissen. Sie habe doch ihn. Die Mama nutzt diesen Zeitpunkt, um ihren Jüngsten die notwendige Aufklärung zu vermitteln. Sie spricht von Zeugung, von Schwangerschaft, Geburt und vom Pressen. Was bei Robin und Daniel auf fruchtbaren Boden fällt. Und ihr Denken beflügelt.

Daniel – eher von praktischer Natur – befürchtet denn auch, dass die Tante nun nicht mehr auf die Toilette gehen könne. Denn wenn sie drücken müsse, würde doch auch das Baby herausgedrückt …

Und Robin – seinem Bruder an Alter und Wissen weit voraus – hat in einem Bilderbuch gelesen, dass Säugetiere nicht nur tierischer Natur sein müssen. Und verkündet nun – stolzgeschwellt und überall – dass seine Tante ein Säugetier im Bauch trage.

*

Als der Bauch dann gefährlich danach aussieht, als hätte die Tante »einen Luftballon verschluckt« (Originalton Robin), geht die Auseinandersetzung in die nächste Runde.

Daniel, total schockiert vom Umfang des Luftballons, möchte konkret wissen, ob etwa Zwillinge »dadrin« seien. Er kenne nämlich welche, und »die« – so betont er mit der unendlichen Weisheit eines Spielkreiskindes – »seien ganz furchtbar nervig!!!« Und das sagt er mit drei Ausrufungszeichen.

Die Tante kann ihn beruhigen. Es wird nur ein (1) Kind werden. Daniel atmet hörbar auf.

Robins Interesse dagegen ist eher abgehobener Natur. Er interessiert sich für das Sternzeichen. Ob das Kind auch eine Waage würde wie er? Die Tante ist in der Zwickmühle. Nein, eine Waage würde es nicht werden, sagt sie … »aber …« sie blickt ein wenig hilflos zur Mama … »aber … es würde wohl« und hier zögert sie nochmals … »ein … Zwilling … werden«.

Worauf Daniel, nun wieder aufgeschreckt, elektrisiert hin und her läuft und der Tante laut und deutlich zu verstehen gibt, dass er sie dann auf keinen Fall besuchen werde. Er würde nämlich Zwillinge kennen, und die wären … aber das hatten wir ja schon.

*

Nun ist der Zwilling geboren. Er heißt Fabian und entpuppt sich als Einzelkind. Daniel und Robin haben das wohlwollend zur Kenntnis genommen. Sie haben ihren kleinen Cousin auch schon begutachtet und befriedigt festgestellt, dass es wohl noch eine Weile dauern wird, bis die Tante und der Onkel mit ihm Ritter oder Pirat spielen können.

Und bis dahin stehen sie natürlich gerne bereit und helfen aus, falls der Onkel doch einmal das Bedürfnis verspüren sollte, sich in einen Indianerhäuptling zu verwandeln – oder in einen fliegenden Teppich.

Was ja nach etlichen Windelwechseln, durchwachten Nächten und Bäuerchen mit Schuss durchaus möglich sein könnte.

* * *

»Jetzt weiß ich auch, warum die Flugzeuge nicht vom Himmel fallen. Sie fahren auf dem weißen Streifen entlang.«

Fabian, der Autofachmann

Wenn Fabian mit Mama und Papa den Freimarkt oder den Weihnachtsmarkt besucht, dann möchte er vor allem eines: Autokarussell fahren.

Ein Feuerwehr- oder Polizeiauto sollte es schon möglichst sein. Oder ein Coupé mit dem Stern vorne auf der Kühlerhaube. Ein Porsche Boxter täte es auch.

Fabian kennt sich aus auf dem aktuellen Automarkt.

Den ungeliebten Akt des Wickelns lässt er nur noch über sich ergehen, wenn er sich während dessen der Untersuchung seines Fuhrparks widmen darf – möglichst einen Ferrari in der einen und einen Mercedes in der anderen Hand.

Dann kann er während dieser – für einen Fachmann seiner Kompetenz – unwürdigen Handlung die Radaufhängungen und den Kofferraum inspizieren und Papa oder Mama über die Ergebnisse sachkundig Auskunft geben.

Fabian kennt nämlich jede Automarke, ob es sich nun um einen Toyota, einen Peugeot oder einen BMW handelt. Er kann nicht nur einen Skoda von einem Ford unterscheiden …

nein, er kennt auch den feinen Unterschied zwischen einem VW Beetle und einem VW Golf.

Wenn der Opa zu Besuch kommt, muss Fabian zuerst einmal klären, ob der vorwärts oder rückwärts auf die Auffahrt gefahren ist. Hat der Opa nämlich rückwärts eingeparkt, kann er besser wieder herausfahren.

Fabian versteht eine Menge vom Einparken.

Schließlich parkt er seine zwanzig, dreißig, vierzig eigenen Autos jeden Tag mindestens zwanzig, dreißig Mal ein und aus und hin und her.

Ist diese Frage zufriedenstellend geklärt, muss Fabian kontrollieren, ob der Opa vor oder hinter Papas Auto steht ... denn auch das entscheidet über die Schwierigkeiten beim Wegfahren – und ist durchaus ein Fachgespräch unter Männern wert.

Erst danach kann er die entscheidende Frage stellen, die ihm auf der Zunge brennt:

»Opa Winterreifen drauf?«

Man muss den Opa nämlich auf so wichtige Dinge hinweisen, denn manchmal – so hat Fabian festgestellt – kann der Opa nicht einmal einen Rückspiegel von einem Seitenspiegel unterscheiden.

Wirklich zufrieden ist Fabian aber erst, wenn er vom Stubenfenster aus begutachten kann, wie der Opa fachmännisch die Auffahrt verlässt ... und beim Wegfahren ganz laut hupt, so laut, dass nicht nur Fabian, sondern alle Nachbarn es hören.

Wenn Fabian mit Papa zusammen Auto fährt – Papa natürlich am Steuer und Fabian auf dem Rücksitz – dann schimpft er wie ein ausgewachsener Fahrpraktiker.

Wird er überholt, dann sagt er ganz laut: – »Du Affe!« –

Der Fabian natürlich, nicht der Papa.

Und wenn die Ampel ganz plötzlich auf Rot springt, dann schlüpft ihm schon mal ein Sch … schlimmes Wort über die Lippen. Dem Fabian.

Wem denn sonst?

Seitdem er einmal – »Ausnahmsweise!« – auf Papas Platz sitzen und am Lenkrad drehen durfte, weiß Fabian, was er werden will, wenn er groß ist und keine Windeln mehr trägt:

Autofahrer!

Möglichst von einem Audi TT. Oder einem Mercedes E-Klasse.

Auf jeden Fall aber mit einer ganz lauten Hupe! Und einer Motorhaube, die man auf- und zumachen kann.

* * *

»... aber da hab ich mich doch als Heuschrecke verkleidet
und dann bin ich ganz hoch gehopst
und dann hab ich mich an der Lampe festgehalten
und dann hab ich ganz viele Beine gekriegt. Siehst du das denn nicht?«

Geisterstunde

Es gibt Märchen, in denen passieren – wie das in Märchen so üblich ist – ungewöhnliche Dinge. Kaum sind die Menschen ins Bett gegangen und haben das Licht gelöscht, kriechen die Spielsachen aus ihren Schränken und Schubladen hervor und beginnen zu sprechen, miteinander zu singen oder zu tanzen.

Fabian kennt diese Märchen noch nicht. Dazu ist er zu klein.

Aber er hat in seinen Schubladen auch viele Spielsachen. Und einige davon können wirklich sprechen und singen. Die liebt Fabian ganz besonders. Zum Beispiel den Würfel. Sechs verschiedene Tiere sind darauf abgebildet. Eine Maus, ein Hase, eine Ente ... und wenn Fabian die Maus würfelt, dann fragt der Würfel: »Wo ist das Mäuschen? Wo ist das Mäuschen? ... « Und er hört gar nicht wieder auf zu fragen. – Der Würfel natürlich. Denn Fabians Wortschatz ist noch sehr begrenzt.

Und fällt der Würfel auf den Hasen, dann singt er sogar: »Häschen in der Grube saß und schlief.« Und rollt er auf die Ente, dann ... na ja, das kann man sich ja denken.

Fabian kräht dann jedes Mal laut vor Begeisterung. Am besten aber findet er den Musikzug – eine Lokomotive mit zwei

Anhängern – und natürlich einer Batterie. Wie sollte das sonst auch funktionieren?

Auf den Anhängern sitzen Tiere. Ein Elefant, ein Affe und eine Giraffe. Wenn Fabian den Elefant an den Ohren zieht, dann rasselt es. Und wenn er der Giraffe den Hals umdreht, dann knartscht es ganz fürchterlich.

Am besten aber gefällt ihm die Lokomotive. Dreht Fabian an einem gelben Knopf, dann muhen, krähen, schnattern Tiere. Und schlägt er mit seiner Hand auf den Schornstein, dann leuchtet der Schornstein grün und fängt an zu singen.

Na ja, nicht der Schornstein. Eigentlich sind es ganz viele Kinder, die da »Alles einsteigen, bitte!« rufen und dann singen: »Kommt alle her! Steigt alle ein! Die Tiere sind ganz toll!«

Und kaum ist Fabian zu den Tieren in den Zug gestiegen, setzt der sich auch schon in Bewegung und macht eine Reise durch das Wohnzimmer. Mama und Papa finden den Musikzug auch ganz toll. Bis die Mama eines Nachts aufwacht und Geräusche im Haus hört.

Leise öffnet sie die Schlafzimmertür. Aus dem Wohnzimmer kommt Musik. Ein ganzer Kinderchor ist da versammelt. Kein Zweifel: der Musikzug ist unterwegs.

Sollte etwa Fabian … ?

Die Mama guckt in sein Gitterbettchen. Da liegt er friedlich und schläft. Und träumt … Ein verklärtes Lächeln liegt auf seinem Gesicht.

Dann kommt doch nur der Papa in Frage. Sollte der sich heimlich nach unten geschlichen und ... ? Ein Blick in das nebenstehende Bett belehrt die Mama eines besseren. Der Papa schläft. Schon rein akustisch besteht daran kein Zweifel.

Der Mama wird es unheimlich. Sollte vielleicht ein Einbrecher ...? Einer, der nicht nur seiner Habsucht, sondern auch seinem Spieltrieb nicht widerstehen konnte ...?

Die Mama dreht den Schlüssel in der Schlafzimmertür um und zieht sich die Decke über den Kopf.

Nach einer halben Stunde ist der Spuk vorbei. Im Haus ist es so ruhig, als wäre gar nichts geschehen.

Am nächsten Morgen schleichen Mama und Papa leise ins Wohnzimmer. Alle Türen und Fenster sind verschlossen. Kein Einbrecher weit und breit.

Auch der Musikzug steht in der Ecke und macht ein Gesicht, als könnte ihn kein Wässerchen trüben. Elefant, Giraffe und Affe gucken Löcher in die Luft. Sie wissen von nichts. Fabian ist an diesem Morgen besonders gut gelaunt. Er hatte einen wunderbaren Traum.

Mama und Papa aber grübeln noch lange über diese Nacht. Vielleicht sollten sie noch einmal das Märchen vom standhaften Zinnsoldaten lesen? Aber glauben sie noch an Märchen? Wer weiß? Auch im Zeitalter der Technisierung geschehen noch Zeichen und Wunder. Und manchmal können Wunder auch durch einen Wackelkontakt ausgelöst werden.

* * *

»Kannst du nicht mal einen Schritt vernünftig gehen?«
»Nur e-i-n-e-n?«

Der kleine Stratege

Fabian ist der Stolz seiner Eltern. Er hat einen ausgeprägten Ordnungssinn – sämtliche Autos, Tiere, Kochtöpfe werden in Reih und Glied aufgestellt, wenn er spielt – und er ist folgsam. Na ja ... gepaart mit einer gehörigen Portion Eigenwillen. Und zu allem Überfluss ist er auch noch mit einer schnellen Auffassungsgabe gesegnet.

Wenn der Papa Fabian am Abend ins Bett bringt und zu ihm sagt: »Nun nimm deinen Schnuller und mach die Augen zu« – dann nimmt Fabian seinen Schnuller ... und legt ihn aufs Auge.

Dann ist das Auge zu.

Der Papa ist tief beeindruckt. Die Mama auch. Denn Fabian ist außerdem ein begeisterter Koch. Er hilft Mama in der Küche – wo er nur kann. Ständig schüttet er seine Nudeln vom Topf ins Sieb – und vom Sieb in den Topf. Fast so, wie Mama das auch tut.

Leider fallen ihm dabei manchmal ein – oder zwei – oder drei Nudeln auf den Fußboden. Dann guckt er die Mama erwartungsvoll an. Doch die gibt ihm mit aller Deutlichkeit zu verstehen, dass sie sich für z w e i (2) !!! Nudeln n i c h t bücken würde.

Wie gesagt, Fabian hat eine schnelle Auffassungsgabe. Er dreht das Sieb um und lässt a l l e Nudeln auf den Boden fallen. Dann guckt er die Mama triumphierend an. Nun muss sie sich doch bücken, oder? Vor soviel strategischer Überlegung k a n n die Mama nur in die Knie gehen.

Zudem verfügt Fabian auch noch über bemerkenswerte manuelle und motorische Fähigkeiten. Er kann (und tut das auch mit zunehmender Begeisterung) sämtliche CD-Player, Radios und Video-Geräte in seinem familiären Umfeld bedienen – Telefone, Handys und Fernbedienungen eingeschlossen.

Der Papa … kann nicht einmal seinen eigenen Anrufbeantworter abhören!

Kurz gesagt: Fabian gibt Anlass zu den größten Hoffnungen.

Sein ausgeprägter Ordnungssinn, sein Gehorsam (na ja … gepaart mit einer gehörigen Portion Eigenwillen) und seine taktischen Fähigkeiten, so meint der Papa, befähigen seinen Filius von nun an, mit seinen (Papas!) Römern zu spielen. Nur mit Papa zusammen, versteht sich.

Andere Väter fahren Autorennen mit der Carrera-Bahn ihrer Söhne oder stellen die Weichen für eine elektrische Eisenbahn.

Fabians Papa befehligt als Tribun eine ganze Legion römischer Soldaten, ist Zenturio auf einer Galeere und wohnt als Konsul den Gladiatorenkämpfen in der Arena bei.

Da kann er eine hilfreiche Hand, die Hundertschaften von Soldaten ordentlich in Reih und Glied aufstellt, nur zu gut gebrauchen. Oder einen Stellvertreter, der mit einem tiefen, ehrerbietigen Kniefall dem Kaiser huldigt.

Fabian aber ist viel mehr an den Kämpfen in der Arena interessiert. Brot und Spiele – das ist seine Devise. Ganz toll findet er es, wenn die Gladiatoren gegen Tiger oder Löwen antreten. Dann steht Fabian natürlich auf der Seite der Tiere. Der Tiger hat es ihm besonders angetan, der ist so schön bunt.

Der Papa trägt es mit Fassung. Noch.

Auch als er dem Kaiser in Fabians Schubkarre wiederbegegnet, gut getarnt zwischen Legosteinen, Eisenbahnwaggons und Polizeiautos, behält er die Nerven.

Als dann aber eines Tages Teile der Legionärs-Ausrüstung in der Waschmaschine auftauchen, kommen ihm – gelinde gesagt – Zweifel.

Sollte Fabian doch noch nicht die nötige Reife für strategische Kriegsführung mitbringen?

Oder die Sache mit der Ordnung falsch verstanden haben?

Und sollte er – Papa – doch noch eine Weile warten müssen, bis er mit seinem Filius den Kampf der Römer gegen die Barbaren nachstellen kann?

Die Mama zumindest ist der Meinung, er sollte vorerst die Sonntagnachmittage mit Fabian wieder im Zoo vor dem Raubtier-Gehege verbringen. Anstatt im Römerlager bei den Legionären.

* * *

»Wenn ich groß bin, dann ziehe ich nach Italien oder Spanien,
und da kaufe ich ein großes Stück Land,
und dann züchte ich ganz viele Erdmännchen.«

Abwesend

Fabian ist hin und wieder abwesend. Auch wenn er anwesend ist. Ganz besonders dann, wenn Mama und Papa unangenehme Fragen stellen. Fragen wie: »Fabian, hast du dich auch bedankt?« oder »Fabian, hast du dir die Hände gewaschen?«

… und das Fragezeichen am Ende des Satzes dann auch noch wie ein Ausrufungszeichen aussprechen!

Dann macht Fabian ein Gesicht, als wäre er gerade nicht zu Hause.

Ist er auch nicht. Denn er ist gerade damit beschäftigt, den richtigen Sender im Radio zu suchen. Und das bedarf selbstverständlich seiner vollen Konzentration – und natürlich der Aufmerksamkeit seines gesamten Gehörs. Beider Ohren, sozusagen.

Früher, als Fabian noch nicht bis drei zählen konnte, da hat er sich manchmal noch etwas anmerken lassen, wenn er gerade abwesend war … hat die Mundwinkel verzogen, in sich hinein geschmunzelt oder ganz leicht mit den Augen geblinzelt.

Aber heute geht er einfach weiter seiner Beschäftigung nach, egal, ob er nun gerade sein Spielzeug auseinander nimmt oder den Videorecorder neu programmiert.

Da ist er ganz cool geworden. Tut einfach so, als hätte er nichts gehört.

Anders kann man die aufdringlichen Fragen ja auch gar nicht abwehren.

Da fragt doch die Mama tatsächlich … und die Frage wiederholt sie mindestens dreimal am Tag …

»Fabian, hast du die Windel voll?«

Wie peinlich!!!

Und dann fragt sie auch noch:

»Fabian, krieg ich ein Küsschen?«

Und das vor allen Leuten!!! … na ja, vor Oma und Opa …

Doch inzwischen geht Fabian damit ganz lässig um. Zeigt Mama einfach die kalte Schulter. Lässt sie abblitzen. Cool, wie er nun mal ist.

Doch zu Fabians Verdruss ist die Mama auch nicht auf die Ohren gefallen. Und weiß ihren schwerhörigen Kleinen ganz gut zu nehmen. Noch jedenfalls.

Wenn sie nämlich die Frage stellt:

»Fabian, möchtest du einen Keks?«

… dann fällt alle Coolness von ihm ab.

Dann kann er sogar mit beiden Ohren hören, auch wenn die Mama nur flüstert. Oder das Radio auf voller Lautstärke steht.

Und wenn sie dann fragt: »Krieg ich einen Kuss?« …

… dann ist Fabian nur noch ein kleiner Junge, der einen Keks haben möchte. Um jeden Preis.

Auch wenn er schon bis drei zählen kann.

* * *

»Ich hab aber keinen Hunger.«

Jonas liebt Rosi*

Das ist die Geschichte von Jonas und Rosi.

Jonas ist ein kleiner Junge von zwei Jahren. Und Rosi ist eine Kuh. Eine braun-gelbe. Sie ist so gelb und braun wie Vanillepudding mit Schokoladensauce. Oder Schokoladenpudding mit Vanillesauce.

Rosis Bild ziert Puddingbecher im Kühlregal des Supermarktes. Vier Puddingbecher, zusammengewachsen wie Rosis Euter, aus denen diese wundersame, schmackhafte Delikatesse strömt.

Jonas liebt Rosi.

Die ist über alle diese Qualitäten hinaus so vielseitig, dass aus ihren Eutern nicht nur gelb-brauner, sondern auch grüner Wackelpudding fließen kann.

Wie im Schlaraffenland.

Bei Jonas geht die Liebe eben noch durch den Magen.

* Produktname geändert.

Und er achtet beim Einkaufen darauf, dass Mama auch ja nicht vergisst, Rosi mitzunehmen. Die großen Rosis für Fabian, der schon in den Kindergarten geht. Und die kleinen Rosis, die Minis, für Jonas. Schließlich geht er erst in den Spielkreis. Noch bringt dieser Unterschied sein Weltbild nicht ins Wanken.

Jonas sitzt mit Mama am Mittagstisch. Es gibt Bratkartoffeln. Als Vorspeise ganz in Ordnung, findet er. Seine Vorliebe für's Essen generell fokussiert sich aber auf den Nachtisch.

Die ersten zehn Bratkartoffeln schafft er mühelos. Dann guckt er die Mama herausfordernd an: »Mimi-Rosi!!«

Die Mama schüttelt den Kopf und zeigt auf Jonas' Teller.

Fünf Bratkartoffeln. Dann ein zweifelnder, zögernder Blick zu Mama.

»Mimi-Rosi???«

»Nein!«, sagt die Mama. »Erst wenn du den Teller leergegessen hast!«

Vier Bratkartoffeln. Dann ein trotziger Blick.

»Mimi-Rosi!!!!«

»Weiter essen!«, befiehlt die Mama unerbittlich.

Drei Bratkartoffeln. Zwei Bratkartoffeln. Jonas gibt nicht auf. Er kann keck oder demütig gucken, flehend, bittend, schelmisch, verschwörerisch – und charmant wie ein Don Juan.

Die Mama guckt streng und unnachgiebig – und muss sich auf die Zunge beißen, um nicht laut loszulachen.

Jonas kennt das Spiel schon. Und spielt mit. Es lohnt sich, für Rosi zu kämpfen. Manchmal gibt die Mama ja auch vorher schon nach.

Endlich hat er seine »Mimi-Rosi« in der Hand. Und nimmt all seinen begrenzten Wortschatz zusammen, um philosophisch zu verkünden: »Fabi gooß. Fabi gooße Rosi. Jona kein. Jona keine Rosi!«

Und löffelt genussvoll seinen Pudding.

Nur ein erwachsener Sprachwissenschaftler würde hierin einen Widerspruch erkennen.

* * *

Wenn der Weihnachtsmann den Tannenbaum bringt,
dann hat man ja zwei! Herzlichen Glückwunsch!

Zwei Weihnachtsbäume

Es ist Adventszeit. Mit seinen drei Jahren kann Fabian diese Zeit zum ersten Mal so richtig bewusst genießen und wahrnehmen.

Der Renner ist natürlich der Adventskalender über dem Bett. Und der Weihnachtsmarkt mit dem Auto-Scooter für die Kleinen.

Das Keksebacken macht auch Spaß. Ganz besonders das Naschen hinterher. Irgendwie scheint die Mama immer dann gerade wegzugucken, wenn Fabian seine Finger in der Keksdose hat.

Einen Wunschzettel hat er auch schon geklebt. Mama hat die Bilder für ihn ausgeschnitten. Feuerwehrautos und Bagger sind darauf, eine Ritterburg, ein Hubschrauber und ganz viele Rennautos.

Und dann hat er mit Mamas Hilfe den Wunschzettel an den Weihnachtsmann geschickt. Und nun haben Mama und Papa ihm auch noch versprochen, ihn am Mittag vom Kindergarten abzuholen und zusammen mit ihm den Tannenbaum zu kaufen.

Eine Zeit voller Verheißungen also.

Auch im Kindergarten.

Auch hier laufen die Vorbereitungen auf Hochtouren. Kerzen werden angezündet, Geschichten vorgelesen, es wird gebastelt und gesungen.

Und im morgendlichen Stuhlkreis erzählen die Kinder ganz aufgeregt von ihren Wünschen und Erwartungen.

» … und den Tannenbaum bringt der Weihnachtsmann!«, sagt eines der Kinder mit leuchtenden Augen.

Den Tannenbaum bringt der Weihnachtsmann??

Das weiß Fabian nun wirklich besser. Fiebert er doch schon dem Mittag entgegen, wenn Mama und Papa ihn abholen. Er verdreht die Augen zum Himmel. Soviel Dummheit kann er nicht im Raum stehen lassen.

»So'n Quatsch!« kräht er in die Runde. »Den Weihnachtsbaum kauft mein Papa!« – Großes Ausrufungszeichen!

Und stolz blickt er um sich. Betroffenes Schweigen bei den Kindern. Und bei der Kindergärtnerin. Aufgeweckte Kinder können so manches Geheimnis entzaubern.

Nun ist Schadensbegrenzung angesagt.

Die Kindergärtnerin sammelt sich.

»Manchmal … «, sagt sie salomonisch, » … manchmal kauft der Vater den Weihnachtsbaum … und manchmal bringt ihn der Weihnachtsmann.«

Erleichtertes Strahlen in den Augen der Kinder.

Ungläubiges Staunen in Fabians Gesicht.

Er fängt an zu rechnen. Schließlich kann er schon bis drei zählen. Und schlägt sich mit der flachen Hand an die Stirn.

»Dann hat man schon einen Weihnachtsbaum gekauft ... und dann bringt der Weihnachtsmann noch einen! Dann hat man ja zwei! ...«

»... Na, herzlichen Glückwunsch!«

Nach dieser Aussage hat der Weihnachtsmann natürlich keinen Tannenbaum mehr bei Fabian vorbeigebracht.

Eine Ritterburg hat er aber trotzdem darunter gelegt. Nachtragend ist er nämlich nicht – der Weihnachtsmann.

* * *

»Aber warum bin ich denn schachmatt?
Ich hab doch noch die Dame, und die kann viel mehr als der König!!!«

Der sprechende Fahrstuhl

Jonas ist 86 cm groß. Oder 86 cm kurz. Sein Lebensinhalt besteht neben Essen und Trinken vor allem darin, alles zu erforschen und zu überprüfen, was er bei dieser Länge – oder Kürze – mit seinen kleinen Fingern erreichen kann. Genauer gesagt: Sein Horizont reicht so hoch, wie seine Finger greifen können. Noch liegt dieser Horizont unter dem Level von Haustürgriffen.

Jonas muss sich also auf die Innenräume beschränken. Doch das reicht ihm vollkommen aus. Es sind besonders Knöpfe und Tasten, die ihn faszinieren und die geheimnisvolle Zauberkräfte entwickeln.

Er braucht nur an einem Knopf oder Griff zu ziehen oder auf eine Taste zu drücken, und schon beginnen Dinge zu leuchten und zu sprechen.

Lichtschalter gehören zu seinem großen Bedauern nicht zu seinem Einflussbereich. Die haben die Erwachsenen noch für sich reserviert. Aber die Griffe von Kühlschranktüren erzeugen den gleichen Effekt. Immer wenn Jonas am Griff dieser Tür zieht, öffnet sie sich und eine Lampe leuchtet auf.

Aber tut sie das auch, wenn die Tür geschlossen ist?

Das muss Jonas natürlich kontrollieren. Und die Tür darum in regelmäßigen Abständen – und das heißt: bis zu zweimal in der Minute – öffnen und wieder schließen.

Zudem strahlt dieses Licht direkt den Wackelpudding an, der im Kühlschrank steht. Der friert dort still vor sich hin und wäre so gerne in Jonas' warmem Bauch.

Und der Wackelpudding strahlt Jonas an.

Und Jonas strahlt zurück.

Ein Grund mehr also, diese Tür in regelmäßigen Abständen zu öffnen. Es gibt auch Dinge, die sind so zauberhaft, die können leuchten *und* sprechen. Zum Beispiel das Radio. Das kann beides gleichzeitig.

Und es hat so einen wunderbaren Knopf. Wenn Jonas daran dreht, springen alle Menschen im Umkreis von zwanzig Metern erschrocken auf und halten sich die Ohren zu. Dann kommen Mama und Papa oder Oma und Opa ganz aufgeregt angelaufen und wollen auch unbedingt an diesem Knopf drehen.

Jonas merkt, den Erwachsenen macht das genauso viel Spaß wie ihm.

Inzwischen hat er strategische Fähigkeiten entwickelt, Knöpfe und Tasten zu bedienen, bevor die Erwachsenen überhaupt wahrgenommen haben, dass solche vorhanden sind.

Im Fahrstuhl etwa.

Bevor die Erwachsenen ihr Fahrziel in den oberen Regionen der Skala gefunden haben, hat Jonas schon den *untersten*

Knopf gedrückt. Der ist meistens rot. Und führt nicht in den Keller.

Wie aus dem Nichts ertönt dann ganz plötzlich aus dem Äther eine Stimme: »Drücken Sie den Alarm-Knopf länger als drei Sekunden. Verhalten Sie sich ruhig. Warten Sie auf weitere Anweisungen!«

Jonas ist tief beeindruckt. Die Erwachsenen im Fahrstuhl auch. Sie hätten sich so etwas nie getraut.

Es hat schon einen Sinn, warum dieser rote Knopf ganz unten angebracht ist. Wie von Zauberhand leuchten und sprechen kann auch Papas Handy. Das ist ein ganz neues, modernes. Ohne Tasten. Aber mit Touchscreen!!!

Doch das stört Jonas nicht im geringsten. Touch-Screening kann er auch.

Er hat es sozusagen erfunden!!!

Diese superschlauen Informatiker haben das nur bei ihm abgeguckt. Oder sie haben auch so einen kleinen Jonas bei sich zu Hause, zu dessen Lebensinhalt das Tatschen gehört. Ohne dass Mama und Papa viel daran ändern können, wächst Jonas den Lichtschaltern und den Haustürgriffen entgegen. Und damit »eröffnen« sich ihm ungeahnte Möglichkeiten und neue Horizonte.

Seine Eltern aber haben bereits eine Ahnung, was noch auf sie zukommen könnte.

* * *

»Jetzt bin ich 6 Jahre alt. Aber im halben Jahr,
da bin ich schon halb 7.«

Geburtstagsüberraschung

Es gibt Menschen, denen hat das Schicksal auferlegt, an einem Weihnachtstag geboren worden zu sein. Jonas gehört nicht zu diesen Menschen. Er ist im Sommer geboren. Dreimal hat er in seinem kleinen Leben schon seinen eigenen Geburtstag gefeiert. Doch nur an den letzten kann er sich wirklich erinnern.

Und wenn er sich erinnert, dann singt er aus vollem Herzen sein liebstes Kindergartenlied. Das heißt nämlich: »Wie schön, dass du geboren bist, wir hätten dich sonst sehr vermisst.«

Damals, an seinem dritten Geburtstag, hat er Geschenke bekommen. Viele! So viele Geschenke kann man an einem einzigen Tag gar nicht auspacken. Weil man ja auch noch Besuch bekommt ... und Kerzen auspusten muss ... und ganz viel Kuchen essen darf ... und im Mittelpunkt steht!

Doch nun ist Weihnachten. Wieder hat Jonas ganz viele Geschenke bekommen. So viele, wie man an einem einzigen Tag gar nicht auspacken kann. Und dazu noch einen Tannenbaum! Und er durfte ganz lange aufbleiben. Bis in die Nacht hinein!

Am nächsten Morgen aber sitzt die Mama an seinem Bett und zwitschert: »Du darfst mir gratulieren, Jonas. Ich habe heute Geburtstag!«

Jonas stutzt. Überlegt kurz.

»Nein! Jonas hat Geburtstag!«

Die Mama schüttelt den Kopf. »Heute habe ICH Geburtstag« sagt sie und betont das ich.

Jonas bleibt stur. »ICH hab Geburtstag!!!«

Das Wortduell geht noch eine Weile munter weiter, bis Mama ihre Geschenke bekommt und auspacken darf. Nun muss er kapitulieren. Aber vergessen hat er Mama diesen Verrat nicht.

Nach Weihnachten und nach Mamas Geburtstag spukt das Thema weiter in seinem Kopf herum. Und weil er so gerne singt, arbeitet er das Problem an seinem liebsten Kindergartenlied – »Wie schön, dass du geboren bist« – ab.

Ganz besondere Aufmerksamkeit widmet er den Zeilen: »Dein Geburtstag kommt im Jahr doch nur ein Mal.«

Wer Jonas kennt, weiß, dass er nicht nur laut und mit Freude singen kann, sondern auch mit Fantasie. Und so hat sein Lieblingslied auch unterschiedliche Fassungen.

Die erste Variante hat er Mama gewidmet. »Wie schön, dass du geboren bist …«, singt er, um dann trotzig zu fabulieren: »Dein Geburtstag kommt im Jahr doch nur null Mal!«

Ha! Da hat er es der Mama aber gegeben!

In die zweite Variante aber hat er sein ganzes sprachliches und rechnerisches Können gelegt.

»Wie schön dass ICH geboren bin«, singt er. Und da er schon weiß, wie viele Finger er an einer Hand hat, ergänzt er: »Mein Geburtstag kommt im Jahr doch nur fünf Mal!«

Und er zählt der Mama vor, wie viele Freunde er zu seinen fünf Geburtstagsfeiern einladen möchte. Einladen will!

Da können Mama und Papa nur hoffen, dass Jonas sich nicht noch an sein zweites Lieblingslied erinnert. Das heißt nämlich: »O Tannenbaum«. Und daran, dass zu Mamas Geburtstag immer ein Tannenbaum geschmückt wird.

* * *

Geburtstagsgedicht

An einem Tag in jedem Jahr
ist einfach alles wunderbar.

Wenn ich aufsteh' aus dem Bett,
dann sind alle gleich so nett,
und Papa, welch ein Genuss,
gibt mir einen dicken Kuss.
Mama kocht nur, was ich mag,
keiner schimpft, was ich auch sag'.
Alle drücken mir die Pfote,
bringen Blumen, blau-weiß-rote,
selbst Frau Schmidt von nebenan,
die ich gar nicht leiden kann.
Kerzen brennen nur für mich,
Schularbeiten gibt's heut' nicht,
und meine Schwester, diese Katze,
zeigt mir heut' mal keine Fratze.
Ich werd' geknutscht, geküsst, gedrückt,
jeder wünscht mir heut' viel Glück,
überhäuft mich mit Geschenken …

… wenn ich das nun recht bedenke,
kommt es mir so in den Sinn:
Die freu'n sich, dass ich geboren bin!

Und ich fänd' es doch recht nett,
wenn ich öfter Geburtstag hätt'.

Oder lieber nicht …?

Der arme Weihnachtsmann

Von drauß vom Walde kommt er her.
Ich muss dir sagen, er hat's gar schwer.
Von oben bis unten bepackt mit Geschenken
- an die 35-Stunden-Woche gar nicht zu denken –
stapft er des Nachts von Haus zu Haus,
trägt bei jedem Wetter Geschenke aus.
Du siehst, er arbeitet sogar in der Schicht,
und Schlechtwettergeld kriegt er dafür nicht.

Vier Wochen ist er nun schon in Aktion,
doch man hört von ihm keinen murrenden Ton.
Die Wünsche der Kinder drücken zwar sehr,
doch die großen Stiefel bald noch viel mehr.
Drei Blasen hat er nun schon an den Füßen,
und fast jeden Augenblick muss er niessen.
Und seit Tagen schon zwickt ihn der Rücken
vom vielen Treppensteigen und Bücken.

So manches Kind wohnt im 7.Stock,
und oft ist der Fahrstuhl auch noch kaputt.
So ächzt er schwer unter dem Sack,
den er bis obenhin voll gepackt,
denn Videospiel und Astronautenheer
lieben alle Kinder sehr.

Die Fingerspitzen werden klamm,
die Nase fängt zu laufen an,
doch für die Kinder nur, die guten,
tut er bei Eis und Schnee sich sputen.

Heut' nun ist die letzte Arbeitsnacht,
dann hat er's wieder mal geschafft.
Er freut sich schon auf sein Fußbad daheim,
auf Zitronensaft und Haferschleim.
Und pünktlich dann um Mitternacht
fällt er in den 11-Monats-Schlaf.

Von drauß vom Walde kommt er her.
Ich muss euch sagen, er hat's gar schwer.
Er rackert sich ab, und was ist der Dank?
Es soll Kinder geben,
die glauben nicht dran!

Es gibt ihn also doch!!

An einem Tag im Jahr ...

Erwachsen ist man, wenn man nicht mehr an den Weihnachtsmann glaubt, lautet eine alte Binsenweisheit.

Doch am Nachmittag des 24. Dezember eint alle – oder zumindest fast alle – Familienmitglieder der Glaube an eben jenen Mann mit dem roten Mantel – und an seine überirdischen Fähigkeiten.

Den vierjährigen Jonas, der ihn bisher nur aus seinen Bilderbüchern kennt, aber fest davon überzeugt ist, dass er kommen wird. Er kann es gar nicht mehr erwarten, so aufgeregt ist er.

Den siebenjährigen Fabian, der nicht mehr ganz so fest an ihn glaubt, aber ihm aus praktischer Erwägung doch noch einen Wunschzettel geschrieben hat.

Und ihre beiden großen Cousins, die schon über den Dingen stehen – sozusagen erwachsen sind. Und ihre Wunschzettel gleich auf den Kopfkissen ihrer Eltern platziert haben. Und doch seinem Auftreten entgegenfiebern. Nur aus intellektuellem Interesse, versteht sich.

Und Fabians und Jonas Eltern, die ihn »bestellt« haben, den Weihnachtsmann. Für eine halbe Stunde an diesem Abend. Sie erhoffen sich einen pädagogischen Effekt von dem Besuch, haben sie dem guten Mann doch eine Liste mit den guten und schlechten Taten der beiden zugespielt. Mit zunehmender Dunkelheit steigt die Spannung. Der Papa legt schon mal die Kamera griffbereit, die Mama spitzt die Ohren wie ein Uhu, ob sie vielleicht schon Schritte an der Tür hört. Die Kinder werden ins obere Stockwerk verbannt. Zum Spielen.

Doch daran ist gar nicht zu denken. Auch sie spitzen die Ohren. Und fragen alle Augenblicke: »Ist der Weihnachtsmann schon da?«

Als sie immer wieder vertröstet werden, ändern sie die Taktik. Von nun an verkündet Jonas alle fünf Minuten unüberhörbar: »Der Weihnachtsmann *ist* da!«

Und dann klingelt es wirklich. So schnell, wie Jonas und Fabian die Treppe heruntergesaust kommen, so schnell verschwinden sie auch hinter Mamas Rockzipfel.

Wer traut sich denn nun, die Tür aufzumachen?

Und dann steht er tatsächlich da. Der Weihnachtsmann. Allein seine Größe ist schon beeindruckend. Ganz zu schweigen von dem langen roten Mantel und dem weißen Bart.

Jonas, dessen Mundwerk selten still steht, hat es die Sprache verschlagen. Fabian lächelt ungläubig in sich hinein.

Wie gut, dass er doch noch seinen Wunschzettel an den Weihnachtsmann geschickt hat. Die Schulfreunde hatten also Unrecht.

Eine Rute hat er aber nicht dabei, stellen sie erleichtert fest. Stattdessen kramt er aus seinem Sack ein großes schwarzes Buch heraus. Und aus dem zählt er nun Jonas und Fabians gute – und leider auch weniger gute – Taten auf.

Er weiß sogar, dass Jonas gerne backt. Und dann die Kekse am liebsten ganz alleine aufisst.

Die beiden großen Cousins im Hintergrund schmunzeln verhalten in sich hinein. Und geben keinen Mucks von sich. Vorsichtshalber.

Und als der Mann im roten Mantel die beiden Kleinen fragt, ob sie denn auch ein Gedicht aufsagen oder ein Lied singen mögen, machen sie sich erst recht unsichtbar. Man kann ja nie wissen …

Fabian und Jonas stecken die Köpfe zusammen und tuscheln. Und finden ganz langsam ihre Sprache wieder.

»Fang du an!« – »Nein, du!«

»Wie geht denn noch der Anfang?«

»Weiß ich doch nicht!«

»Ich auch nicht!«

Und dann fangen sie doch an. Und kommen langsam in Fahrt.

»Geht die erste Kerze an, freu ich mich, freu ich mich, geht die erste Kerze an, ist Advent. Sitzt ein Vogel auf dem Dach, freu ich mich…«

Da möchte der Weihnachtsmann nicht nachstehen und liest seinerseits ein Gedicht vor.

Er liest es vor! Er kann es nicht auswendig! Der Weihnachtsmann menschelt! Jonas und Fabian registrieren das wohl. Nun ist das Eis gebrochen.

»Wir kennen noch eins«, ruft Fabian und zusammen mit Jonas sagt er im Duett das Gedicht von der Weihnachtsmaus auf.

Und dann fällt ihnen noch ein Gedicht ein. Und noch eins.

Das freut den Mann im roten Mantel nun ganz besonders, und die beiden dürfen sich aus dem Jutesack ein Geschenk angeln.

Nun muss er aber weiter, denn die anderen Kinder warten auch noch auf ihn. Mit gemischten Gefühlen bringen die beiden Kleinen ihn zur Tür.

Die beiden Großen, die schon über reichlich Weihnachtsmann-Erfahrung verfügen und sich nun wieder aus der Deckung wagen, erklären ihnen, dass er an diesem Abend noch bis England fliegen müsse, um den Kindern dort die Geschenke in der Nacht durch den Schornstein zu werfen.

Fabian und Jonas sind tief beeindruckt. So vielbeschäftigt der Weihnachtsmann auch ist, hat er sich doch Zeit genommen, zu ihnen zu kommen. Der Besuch wird ihnen nachhaltig in Erinnerung bleiben. Auch ihre Mama setzt auf die Nachhaltigkeit dieses Besuches, allerdings in pädagogischer Hinsicht.

Doch die wird schon allzu bald in Frage gestellt, als Jonas sie anstupst und mit leuchtenden Augen sagt: »Der Weihnachtsmann war aber lieb! Der darf wiederkommen!«

* * *

Sie darf ein Kuscheltier mit in die Schule bringen.

Der erste Zahn

Fast hätte Jonas es gar nicht bemerkt, hätte der Papa nicht so ein feines Gehör und ein leises Klackern auf der Treppenstufe wahrgenommen. Jonas hat seinen ersten Zahn verloren. Einfach so.

Eigentlich war er auch schon lange überfällig, wo Jonas doch im Kindergarten in den renomierten Wackelzahn-Club geht. Da gehen nur die ganz Großen hin, die bald in die Schule kommen.

Wie gut nur, dass sein großer Bruder heute nicht zuhause ist, sondern auf einem Kindergeburtstag. Der hätte sofort getönt, dass e r schon sieben Zähne verloren hätte. Und es sich nicht nehmen lassen, auch noch mit den neuen anzugeben. Doch so kann Jonas seinen Ruhm ganz alleine auskosten.

Die Mama hat ihn auch gleich mit ihrem Handy fotografiert – den Zahn. Und ihn an alle Tanten, Cousinen und Cousins getwittert.

Und Jonas hat Oma und Opa angerufen und ihnen die freudige Botschaft per Telefon überbracht. Oma und Opa twittern nämlich noch nicht.

Und der Opa ist sofort ins Auto gesprungen, um sich den Zahn anzugucken. Und die Zahn-Lücke!

So wird das bei ihm auch bald aussehen. Allerdings wächst ihm – dem Opa – kein neuer Zahn mehr nach.

Jonas glaubt, dass der Opa ein bisschen neidisch auf ihn ist.

Und um das Ereignis abzurunden, soll dann am Abend auch noch die Zahnfee kommen und ein Geschenk bringen – wie einst die Schnullerfee, als Jonas seinen Schnuller »verloren« hatte.

Doch Schnuller hatte er nur einen einzigen – Zähne aber hat er noch eine ganze Menge. Und so hofft er, dass die Zahnfee bei jedem Zahn ein Geschenk auf die Fensterbank in seinem Zimmer legen wird. Wenn Jonas schläft, versteht sich, denn Feen sind noch nie von einem Kind gesehen worden.

Doch diesen Zahn zieht die Mama ihm sofort. Das »Erscheinen« der Fee ist nur für den ersten Zahn vorgesehen.

Schade!

Aber auf jeden Fall ist Jonas wieder um ein Paar Zentimeter größer geworden.

Und am nächsten Morgen auch um einen Playmobil-Troll reicher.

* * *

»Du brauchst keine Angst zu haben.
Der Hund will nur schnuppern, um dich kennenzulernen.«

»Dann sag ihm doch schnell, wie ich heiße.«

Früh übt sich, was ein Fußball-Fan werden will.

Der Fußball-Fan

Jonas spielt seit einigen Monaten Fußball. Im Verein! Genauer gesagt: in der untersten Liga, bei den Kleinsten. Dort, wo alle Kinder ein Tor *schießen* wollen, aber niemand im Tor *stehen* will.

Jonas kennt auch schon die wichtigsten Spielregeln – und die wichtigsten Vereine der Bundesliga. Nämlich den SV Werder Bremen, mit dessen U 23-Mannschaft sein Bruder Fabian schon einmal als Fußball-Kid einlaufen durfte.

Dann natürlich Bayern München, die Mannschaft mit den meisten Toren.

Für die sein Bruder Fabian schwärmt – *obwohl* er mit Werder Bremen einlaufen durfte!

Und natürlich Borrussia Dortmund, die den Bayern hart auf den Fersen sind.

Seine Mama aber schwärmt für Werder Bremen – auch wenn die ziemlich mies dastehen. Aus reinem Lokal-Patriotismus.

Jonas aber schwärmt für die Deutsche Nationalmannschaft. Denn es ist gerade Fußball-Weltmeisterschaft in Brasilien. Und die Deutsche Nationalmannschaft sorgt dafür, dass Jonas sich abends die erste Halbzeit im Fernsehen anschauen darf. Während der Abendbrotzeit!

Er muss beim Abendbrot n i c h t wie üblich am Küchentisch sitzen. Er darf vor dem Fernseher sein Brötchen essen und sich dabei auf dem Sofa herumlümmeln! Das ist wirklich ein Ausnahmezustand. Abendbrot essen u n d Fernsehen! Und dabei genüsslich eine Gurke oder Karotte knabbern.

Jonas würde das gerne auf Dauer beibehalten.

Die Mama weiß das. Als das WM-Achtelfinale läuft und Jonas ganz selbstverständlich sein Abendbrot fordert, fragt die Mama ihn: »Was machst du eigentlich, wenn die WM vorbei ist?«

»D a n n …«

Darüber hat Jonas noch gar nicht nachgedacht. Dieser selige, wohlige Zustand soll tatsächlich bald ein Ende haben? Dann … muss Jonas wieder in der Küche sein Brötchen essen – ohne Fernsehen und ohne Fußball. Und er ist sich auch darüber im Klaren, w e r diesem wohligen Zustand ein Ende bereiten wird: die Mama!

Spielverderberin!!!

Na, der wird er es aber zeigen! Nach der WM muss er sich sowieso eine neue Mannschaft ausgucken, für die er schwärmt. Und so verkündet er lautstark, dass Mama es auch ja nicht überhört: »D a n n ….. bin ich für Bayern München!!«

Und damit die Mama das auch ja nicht falsch versteht, setzt er noch eins drauf: »… u n d wenn Dortmund gegen Werder spielt, d a n n … bin ich für Dortmund!«

So! Nun hat er es der Mama aber gegeben.

Mal sehen, ob die sich jetzt noch traut, Jonas zum Abendbrot essen wieder in die Küche zu verbannen.

* * *

Oma und Opa kommen zu Besuch.

Uhr-Großmütter – eine Rarität

Ur-Großeltern sind in der Evolution nicht vorgesehen. Sie sind eine äußerst seltene Spezies. Und bringen ihre Ur-Enkel manchmal in ungeahnte Erklärungsnöte.

Als Gaby in die Schule kommt, hält sie es für selbstverständlich, 3 (drei!) Großmütter zu haben. Und muss doch bald schon feststellen: So viele Omas wie sie hat sonst niemand.

Das stimmt sie nachdenklich. Denn zwei der Omas, die »richtige« wie die Ur-Oma, wohnen mit dem Opa im selben Haus. Das rückt den Opa in die Nähe der Bigamie. Zumindest nach Gabys Vorstellung. Und so verkündet sie nach reiflicher Überlegung: »Mein Opa hat zwei Frauen, mit der einen wohnt er unten im Haus, mit der anderen wohnt er oben.«

Zum Glück bleibt diese Äußerung innerhalb der Familie.

Auch Niklas und Jannik sind mit drei Omas gesegnet. Da sind zunächst einmal die beiden »richtigen« Omas. Die unterscheiden sie namentlich nach dem Transportmittel, mit dem sie zu Besuch kommen – in Auto-Oma und Bus-Oma.

Aber dann ist da noch die Ur-Oma. Und weil die etwas ganz Besonderes ist, ist sie die Omama. Fast so etwas wie die Oma von der Oma. Oder von der Mama? So ganz genau wissen das die beiden auch nicht.

Robin dagegen ist sich der Einmaligkeit seiner drei Großmütter bereits im zarten Alter von zwei Jahren bewusst. Und versucht, seine Tick-Tack-Oma gegen seine Spielkreis-Freunde auszuspielen.

Die müssen immer das Größte und das Beste haben. So ähnlich wie: Mein Haus, mein Auto, mein Swimmingpool. In ihrer Sprache heißt das: Mein Lego-Haus, mein Matchbox-Auto, mein Planschbecken. Da kann Robin jetzt gegenhalten.

»Und ich … habe eine Tick-Tack-Oma!«, sagt er stolz, wohl ahnend, dass er damit alleine punkten kann.

Die Aufmerksamkeit der anderen Kinder ist ihm gewiss.

»W a a a s hast du???«

»Eine Tick-Tack-Oma!!!«

Nochmals: »W a a a s hast du???«

»Eine Tick-Tack-Oma!!!!«

Das zwingt die Spielfreunde doch glatt zum Nachdenken. Und zu der Frage: »Und wo habt ihr die stehen? In der Garage oder im Keller?«

Wie schon gesagt: Ur-Großeltern sind in der Evolution nicht vorgesehen. Und bringen ihre Ur-Enkel manchmal in ungeahnte Erklärungsnöte.

* * *

Kindheit ist …

Kindheit ist ein Arm voller Wiesenblumen
und dicker Matsch an den Füßen,
… ist die Hosentasche voller Krumen
und trotzdem kein schlechtes Gewissen.

… ist Bauchweh vor dem Weihnachtsfest
und Füßetrampeln vor Wut,
… ist Sonntagmorgen in Papas Bett
und der Glaube, alles wird gut.

Kindheit ist ein Märchen bei Kerzenschein,
ist Schaukeln, Schwingen und Rutschen.
… ist ein Teddybär mit nur einem Bein
und genussvolles Daumenlutschen.

… ist heimliches Lesen unter der Decke
und ein großes Pflaster am Knie,
… ist Schmollen in einer dunklen Ecke
und Vergessen finden im Spiel.

Kindheit ist immer nach oben schauen,
zu den Großen und zu den Sternen,
… ist wacklige Zähne und Burgen bauen
und bummeln mit hellen Laternen.

… ist Doktorspielen und Mutter und Kind
und mit Papa beim Drachensteigen,
… ist mal so tun, als wäre man blind,
ist sich anmalen und sich verkleiden.

Kindheit ist Spinat mit Apfeltorte
und in hohen Bäumen wildern,
… streicheln, lachen und böse Worte.
Ist ein Buch mit tausend Bildern.

Essen wir heute
Abend Rührei?
ZIRKUS CORELLI

Als du klein warst

war es ein Strauß Wiesenblumen,
Löwenmaul, Klee,
Gänseblümchen,
Wiesenschaumkraut,
wild gewachsen,
liebevoll gerupft
und kunterbunt,
den du mir mit
deinen verschwitzten Händen
entgegenhieltest.

Heute
kommt dein Strauß
aus dem Treibhaus,
ist geschmackvoll ausgewählt,
perfekt arrangiert
und dezent im Ton.

Du bist doch schon
sehr
erwachsen geworden.

Weitere Titel von Annegret Wienberg

Das Haus gegenüber

Eine Geschichte aus dem Findorff

92 Seiten, 33 Abbildungen
Taschenbuch, 10,90 Euro
ISBN 978-3-95494-031-8

Sehen die Bewohner des Hauses in der Hemmstraße aus dem Fenster, dann blicken sie auf das Haus gegenüber. Sie scheinen einen Logenplatz zu haben, denn an den Veränderungen des Hauses gegenüber, den sogenannten Missler-Hallen, kann man den Wandel der Zeit erkennen. Dies ist eine Erzählung über das Leben in einem Bremer Haus über vier Generationen. Diese Erzählung ist nicht nur eine familiäre, sondern auch eine zeitgeschichtliche Reise in die Vergangenheit des Bremer Stadtteils Findorff.

Briefe an die Urgroßmütter

Frauenleben vorgestern, gestern und heute

124 Seiten
Taschenbuch, 10,90 Euro
ISBN 978-3-95494-189-6

Annegret Wienberg reflektiert in Briefen an die längst verstorbenen Urgroßmütter der Familie: Briefe an Frauen, die einer »mobilen« Generation angehörten, einer Generation, die ihren Geburtsort verließ, um Armut und Katastrophen zu entgehen, die auf der Suche war nach einem besseren Leben. Was prägte ein Frauenleben vor 100 Jahren? Was haben wir Frauen der Gegenwart von den Frauen der Vergangenheit gelernt, was haben wir über Bord geworfen? Was ist es wert, übernommen zu werden, was ist es wert, verworfen zu werden?

---

1. Auflage 2020

Copyright © Edition Falkenberg, Bremen
ISBN 978-3-95494-226-8

www.edition-falkenberg.de

Alle Rechte vorbehalten. Kein Teil des Werkes darf in irgendeiner Form (durch Fotografie, Mikrofilm oder irgendein anderes Verfahren) ohne schriftliche Erlaubnis des Verlages reproduziert oder unter Verwendung elektronischer Systeme verarbeitet, vervielfältigt oder verbreitet werden.